山区内河航道
水上安全监测预测技术

马瑞鑫　李子龙　汪剑波　陈　静　等　编著

人民交通出版社股份有限公司

北　京

内 容 提 要

本书总结了山区内河航道水文信息监测预测、气象信息监测、水上交通视频监控、山区航道数据通信、系统安全保障等技术，梳理核心技术手段并编制成册。以乌江航道为例，全面、系统地介绍了水上安全监测预测系统的应用成果，通过成熟先进的技术手段和稳定高效的数据采集设备，实时监测航道水文信息，融合航道地形数据，构建了基于历史水文大数据的水动力数学模型，实现对中短期水文信息的预测，满足港航管理部门汛期应急指挥的业务需要，同时也为船舶安全通航提供了科学有效的数据支撑。

本书可供港航管理部门的相关管理人员参阅，也可为水上安全监测预测信息化系统的建设提供参考。

图书在版编目(CIP)数据

山区内河航道水上安全监测预测技术 / 马瑞鑫等编著. — 北京 : 人民交通出版社股份有限公司, 2021.3

ISBN 978-7-114-16858-1

Ⅰ.①山… Ⅱ.①马… Ⅲ.①内河航道—安全监测—技术 Ⅳ.①U697.31

中国版本图书馆 CIP 数据核字(2020)第 179878 号

Shanqu Neihe Hangdao Shuishang Anquan Jiance Yuce Jishu

书　　名：**山区内河航道水上安全监测预测技术**

著 作 者：马瑞鑫　李子龙　汪剑波　陈　静　等

责任编辑：潘艳霞

责任校对：孙国靖　扈　婕

责任印制：张　凯

出版发行：人民交通出版社股份有限公司

地　　址：(100011)北京市朝阳区安定门外外馆斜街 3 号

网　　址：http://www.ccpcl.com.cn

销售电话：(010)59757973

总 经 销：人民交通出版社股份有限公司发行部

经　　销：各地新华书店

印　　刷：北京交通印务有限公司

开　　本：787 × 1092　1/16

印　　张：9.75

字　　数：226 千

版　　次：2021 年 3 月　第 1 版

印　　次：2021 年 3 月　第 1 次印刷

书　　号：ISBN 978-7-114-16858-1

定　　价：70.00 元

《山区内河航道水上安全监测预测技术》
编 写 组

马瑞鑫 李子龙 汪剑波 陈 静 朱 俊

胡亚杰 尚东方 辛全波 赵 鹏 欧阳锡钰

韩 雪 杨东远 许家帅 毕金强 王瑞玺

蔡 静 陈 艾 钟 鸣 李晓松 杨宗默

王 伟 鲍可馨 赵国腾 黄英杰 张翰林

张智鹏 于 灏 秦 柳 辛 渊 赵元鹏

前　言

有风方起浪，无潮水自平。

我国长江上游干流及主要支流，以及云、贵、川、渝部分通航河道，是典型的山区内河航道，受整体地势地貌影响和河道两岸山体限制，内河航道呈深谷狭弯、滩多水急、水位暴涨暴落的特点。为发挥河流能源效益，改善自然航道通航条件，山区内河往往开发多级航电枢纽，在提升内河航道通航等级的同时，其不规律放水带来下游水位的突变，也给通航带来较大安全隐患。

近年来，随着长江黄金水道国家战略的持续推进，内河水运事业快速发展，水上安全管理成为不容忽视的问题。河流上游流域暴雨汇流、水电站下泄的非恒定流都对下游航运安全和沿江城市人民生命财产安全带来巨大威胁，山区河流防洪救灾和应急救援形势依然很严峻。本书介绍的山区内河航道水上安全监测预测技术主要基于电子地图，以地形地貌及其他相关地理信息的空间数据和属性数据为基础，利用物联网监测技术、无线通信技术、河流数学模型、图像处理与可视化技术，建立了包含山区内河水位、流量、气象等监测信息的航道信息采集与处理系统。该系统可以为船舶通航、航运管理、航道整治、工程建设、水情分析、洪峰预测等提供准确的信息分析、查询统计和决策支持服务。

本书在介绍内河航道水上安全监测预测技术发展和应用现状的基础上，对航道水文信息监测技术、航道气象信息监测技术、航道水文信息预测技术、水上交通视频监控技术，以及为航道水上安全监测预测提供基础支撑的数据通信技术、系统安全保障技术进行了全面而深入的论述，并以乌江水上安全监测预测系统作为典型案例，对山区内河水上安全监测预测技术研发与应用的各个环节进行了详细介绍。

本书共8章，第1章介绍了内河航道的概念、山区内河航道特点、港航管理面临的形势与任务和水上安全监测预测技术在国内外的发展和应用现状，本章由马瑞鑫等编写。

第2章介绍了航道水位信息监测、航道表面流速信息监测和航道流量信息监测等技术，并针对山区内河航道特点对设备选型进行了分析，本章由朱俊等编写。

第3章介绍了航道气象的特点、航道气象信息监测指标和功能要求，给出了气象信息监测的系统架构，并对航道能见度信息、温湿度信息、风速风向信息、降水信息和天气现象信息监测进行了详细的论述，本章由李子龙等编写。

第4章介绍了航道水文信息预测模型、天然航道数值计算理论、一维速度场计算方法和断面垂线平均流速计算方法，本章由李子龙等编写。

第 5 章介绍了水上交通视频监控技术,包含视频监控系统的硬件和软件、内河航道监控摄像机的选型和安装部署、基于视频智能视觉识别技术在水上交通中的不同场景分析的应用,本章由赵国腾等编写。

第 6 章介绍了内河航道数据通信技术,包含无线通信技术、北斗卫星导航系统以及基于 3G/4G 的数据传输单元(DTU)终端技术,本章由陈静等编写。

第 7 章分析了信息系统面临的威胁,介绍了防火墙、入侵监测、数据加密、虚拟专网等安全保障技术,并针对物联网安全隐患提出了安全防护措施,本章由胡亚杰等编写。

第 8 章以乌江为例,介绍了山区内河航道水上安全监测预测技术的实际应用案例,包含系统总体架构、系统建设内容、监测站点的选择和布设安装、数据预测模型的研发、应用功能的建设及案例的总结与展望,本章由马瑞鑫等编写。

循流而下易以至,顺风而驰易以远。本书对了解我国内河航道水上安全形势,规划、设计、建设山区内河水上安全监测预测系统,提升我国山区内河水上安全保障能力具有积极的参考意义。

由于编者水平有限,书中难免有错漏之处,敬请各位读者不吝指正。

作　者

2020 年 8 月

目　　录

第1章　绪　　论

1.1　内河航道

内河航道(Inland Waterway Channel)是指在内陆水域中用于船舶航行的通道。内陆水域包括江、河、湖、水库、人工运河和渠道等。内河航道可分为天然航道和人工航道。天然航道系指利用天然水域提供与本航道尺度行驶相应的船舶通航的航道,如果局部河段尺度不足,则应通过整治与疏浚的手段使之达到要求的尺度。人工航道包括渠化河流航道和人工开挖的运河、渠道。渠化河流是在天然河流上分段筑坝,壅高水位,以提高航道水深,并在坝址处兴建过船建筑物。

根据《内河通航标准》(GB 50139—2014)的规定,我国航道等级由高到低分为Ⅰ、Ⅱ、Ⅲ、Ⅳ、Ⅴ、Ⅵ、Ⅶ级航道,这7级航道均可称为等级航道。通航标准低于Ⅶ级的航道可称为等外级航道。航道等级划分见表1-1。

航道等级划分　　表1-1

航道等级	Ⅰ	Ⅱ	Ⅲ	Ⅳ	Ⅴ	Ⅵ	Ⅶ
船舶吨级(t)	3000	2000	1000	500	300	100	50

注:1. 船舶吨级按船舶设计载重吨确定。

2. 通航3000吨级以上船舶的航道列入Ⅰ级航道。

21世纪以来,水运市场日趋活跃,基础设施建设快速推进,内河水运领域呈现快速发展。2007年6月,国家发改委、交通部联合发布《全国内河航道与港口布局规划》(以下简称《规划》),《规划》为近年来我国内河水运发展提供了建设纲领。2011年初,国务院发布《关于加快长江等内河水运发展的意见》(国发〔2011〕2号)(以下简称《意见》),《意见》的出台标志着加快内河水运发展上升为国家战略,成为综合交通运输体系建设的战略重点之一。各省、自治区、直辖市充分认识到加快长江等内河水运发展的重要意义,开始围绕长江等内河水运发展构建现代化的综合交通运输体系。

1.2　山区内河航道特点

长江为我国最大的河流,是连接西部地区与东部地区的重要桥梁,也是实施西部大开发战略的重要基础。作为全国内河航运最主要的水路运输主通道,长江干线水运条件所起的作用显得十分重要。长江干流宜宾至宜昌段为长江上游,也称川江,长约1044km,区间承接岷江、赤水河、嘉陵江、乌江等较大支流汇入,水量极为丰富,蕴藏着巨大水资源。

长江上游干流及主要支流是典型的山区河流。山区河道水力运动复杂，水位陡涨陡落，河床地形变化快，水文特征有其规律性与普遍性。水流险急、流态紊乱，航道浅滩居多，枯水期因流量不足导致航深不够，限制了船舶全年通航。

典型山区内河航道如图 1-1 所示。

图 1-1　山区内河航道

a）乌江航道；b）嘉陵江航道；c）岷江航道；d）赤水河航道

山区内河航道具有明显的山区河流特征。山区河流纵断面形态呈上陡下缓，突高突低，纵向河底起伏不平，河流浅水及深水河段相间，河流岸线不规则，河道转弯较多，浅滩和深槽相间出现，加上河面忽宽忽窄，河床的纵比降忽陡忽缓，所以流速沿程变化很大，流态十分复杂。另外，山区河流坡度大，河床狭窄，暴雨汇流时间短，引起水位暴涨，流量猛增，纵坡陡峻，水流湍急，同时也能很快宣泄洪水，使水位又急剧下降，所以山区河流有明显的暴涨暴落现状，水位变幅和流量变幅都很大。

为提升山区内河航道通航等级，可通过各项航道整治工程，改善天然航道条件，主要有建设船闸、升船机等通航建筑物，如图 1-2 所示。梯级电站通航设计中通航水位、流量、水位变幅等参数的合理确定较为困难；山区河流洪水期历时短、陡涨陡落、水流形态较差，按规范确定的最大通航流量（水位）难以满足枢纽下游引航道通航水流条件要求；若按电网需求进行电站调峰调度时，枢纽下游河段水位变幅可能难以满足航运部门的要求。梯级电站的运行涉及水利、港航、应急等多个部门的协同工作。

图 1-2 内河航道相关通航枢纽

a)乌江银盘通航枢纽;b)金沙江向家坝通航枢纽;c)长江三峡通航枢纽;d)嘉陵江草街通航枢纽

1.3 港航管理面临的形势与任务

山区河流的流态不稳定以及水位暴涨暴落等特点,导致水路交通运行环境趋于复杂,此外随着船舶数量的增多以及船舶吨位的增加,港航安全监管形势日益严峻具体表现为:

(1)水运行业快速发展,航运安全管理问题不容忽视。

随着航运基础设施和航运量的快速发展,航运管理手段相对滞后的问题逐渐显现出来,我国内河航运安全形势严峻。尤其是船舶呈大型化、专业化发展趋势,特别是在冬春季节,大风、浓雾等极端恶劣天气呈多发态势,随着山区内河航道梯级渠化,枢纽集中泄水、强降雨等时常导致江水水位骤涨骤落,水流急速。这些风险给沿江城市安全、航运企业和居民生命财产安全带来了不确定因素。新形势下,航运管理、应急救灾、防洪抢险等任务依旧严峻。

2013 年,金山朱泾镇掘石港,一艘散装危化品船在装载苯乙烯过程中,因其违章加装的排泄阀密封出现问题,导致部分苯乙烯泄漏进入河道,周边水域受到严重污染。2015 年 1 月,"皖神州 67"船试航过程中,在长江靖江段采取大舵角转舵操作,船舶倾覆力矩超过复原力矩,致使船舶倾覆,船舶进水后翻扣沉没,共造成 22 人死亡,此次事故被定性为重大船舶翻沉事故。2015 年 6 月,"东方之星"号客轮于长江大马洲水道翻沉,事发时船上共有 454 人,其中成功获救12人、遇难442人。经国务院调查组调查认定,“东方之星”号客轮翻沉事件是一起由突发罕见的强对流天气(飑线伴有下击暴流)带来的强风暴雨袭击导致的特别重大灾难性事件。

(2)水电站下泄的非恒定流以及上游流域暴雨汇流对下游航运安全和沿江城市人民生命财产安全带来挑战。

山区河流下游水文变化在汛期受上游流域暴雨汇流影响较大,在非汛期受上游梯级水电站泄洪影响较大。山区内河各水电站一般依据水库水量情况及区域电网用电需求制订电站调度运行计划,电站发电多采用每日多次调峰运行,各水电站下泄的非恒定流致使坝下航道水位骤涨骤落,瞬时变幅大、变化频繁。水文的骤涨骤落成为船舶航运安全高效发展的制约因素。当水电站出力大或满发电时,电站下泄流量增大,坝下河道水位短时暴涨,要求沿线的港口作业船舶和锚地停泊船舶根据水位变化频繁调整,给河段内通航船舶和停泊船舶带来安全隐患;当水电站出力小甚至不发电时,电站下泄流量减小,河道水位迅速降低、通航条件迅速变差,给运输船舶带来了搁浅、触礁甚至被迫停航等安全隐患。电站泄洪下的非恒定流延长了通航船舶的营运周期,增加了船舶营运成本,给船舶运输安全和沿线防洪带来了一定挑战。我国水坝在非汛期放水往往不会提前预警,即使是在汛期,预报和预警也不及时。2013年8月,台风“尤特”带来强降雨,广西象州下六甲枢纽水电站开闸泄洪预警短信迟到,导致下游4000人被困;2014年9月,云南南盘江澄江红石岩电站无预警放水,以致一对父子被淹死。

(3)山区河流防洪救灾应急处置形势依然严峻。

山区内河航道受季节性影响比较明显,以乌江为例,一般每年5~10月为乌江航道水域洪汛期,受上游恶劣天气以及上游水电站泄洪影响较大;10月至次年5月为旱季。在洪汛期,需加强对重点航段监管,对重点水域有效航宽、水深进行测量,执法人员必须不定期检查辖区船舶系泊系缆设备,特别是在洪峰过境前,对乌江航道采取全程封航,并将航道内船舶劝离至长江安全水域择地锚泊,同时建议汛期停止夜间作业;极端天气,必须停止码头作业。

结合港航管理部门对山区内河防汛工作的要求,同时为了提高防汛水文信息收集的时效性,亟须建设布局科学合理、点面结合的现代化防汛水文监测网络体系,提高防汛决策的科学性。通过建设山区内河水文监测预测系统,可提前预知水文变化情况,为下游城市的防汛预警提供充足的响应时间,服务港航管理部门的日常业务管理,同时为港航管理部门提供科学的应急指挥决策支持。

1.4 水上安全监测预测的发展和应用

水上安全监测预测主要基于地形图和电子地图,以地形地貌及其他相关地理信息的空间数据和属性数据为基础,利用物联网技术、移动互联网技术、数学模型、图像处理技术和可视化技术,建立包含水位、流量、气象等监测信息的航道信息采集系统。为航运管理、航道整治、工程设计规划、码头建设、船只导航和水情分析等提供准确的地理信息分析、查询统计分析及决策支持服务,实现对航道基础数据的计算机管理与分析决策。

1.4.1 国外研究现状

欧美发达国家在建立航道管理信息系统方面开展了大量的研究。德国联邦交通部利用互联网开发了航运电子信息网站,实现了航道动态、船舶定位等的信息交流和对危险货物运输的管理。挪威于1996年推出“水道地理信息系统”,该系统是根据欧洲七国工业集团的要求,将航标信息、船舶航行动态报告系统、交管系统、气象信息以及相关的码头、理货、货源、海洋污染和锚地等各种信息通过计算机网络连成一个庞大的数据库,从而建立一个近似互联网的内部交互网络。应用于莱茵河-多瑙河水系的内河信息服务(RIS),通过RIS所提供的通用、协调的信息服务,支持内陆航运的交通运输管理,降低安全与环境风险,并提供与其他运输模式的衔接界面,有利于内陆水运与物流的现代化发展接轨。美国密西西比河是全球范围内最发达的内河水系,20世纪晚期开始凭借智能运输系统、全球定位系统等先进的计算导航等技术,构建与完善航道信息管理统计体制,基本完成了近程助航设施与无线电导航系统、通信系统和船舶交通信息系统的建设和联合应用。

1.4.2 国内研究现状

目前,我国初步形成了以长江、珠江、京杭运河、淮河、黑龙江和松辽水系为主体的内河水运体系,相继研究并试点建设了航标遥测遥控系统、水位自动测报系统、航道扫测系统、航道维护管理系统等,在航道信息的采集和管理等方面做了一些工作,并通过数字航道示范工程的建设,在如何将数字航道理念贯彻到实际航道管理业务中的问题上做了很有益的探索,极大地推动了航道管理研究的发展。

长江航道局近年以“互联网+航道”为发展主线,积极构建长江航道公共服务信息化体系,大力开展数字航道建设。以打造航道数字化、服务智慧化为方向和目标,不断促进现代信息技术与长江航道业务的深度融合,实现长江航道信息的上下贯通、左右连通和内外融通。长江数字航道打造了“一主六分七中心,一图一站三平台”的总体框架,实现了长江干线合江门至浏河口段航标、水位、航道维护船舶、山区可视距离等主要航道要素信息的动态监控,实现长江全线6529座航标遥测遥控、154座水位站遥测遥报。近年来,更新发布实测水位数据440万条,更新预测水位数据33.5万条,更新航标异动数据15.1万条。其中,每座水位站每小时上报一次水位信息,工作人员可以随时查看各个站点水位信息,通过历史记录可掌握水位变化情况,并探索性开发了下游潮汐推算分析系统及水位预算分析系统,从而开展分析、预判水位变化趋势,指导航道航标改槽等工作。形成了以门户网站、网页(Web)地图、移动应用程序(App)、微信平台等多种信息发布方式为基础,以数据服务接口为补充的航道信息服务体系,为沿江地方政府、港航管理单位、航运企业、营运船舶、社会公众等提供及时、顺畅、便捷的航道信息服务,提高社会公众满意度。

目前,水利部门在各省区市的大江大河及其流域,通过大江大河水文监测系统工程布设了诸多长期水文、气象监测站,积累了大量的降雨、径流及洪水资料,可有效监测水位、雨量、流速、流量、水温、水质、蒸发量等数据,实现了监测数据实时显示,存储各监测点数据,并及时分析、发布预警信息。其系统架构组成如图1-3所示。

航道水文条件的预测离不开水文数据的监测和水动力数学模型的计算,国内目前河道水流数学模型主要有交通运输部天津水运工程科学研究院自主研发的TK-2D系列软件,可以实现波浪场、潮流场、盐度场、地形冲淤场等数学模型的计算;南京水利科学研究院研发的二维水沙数值模拟系统(NHRS-2D)可以实现流场、流线、含沙量、河床等的模拟计算。

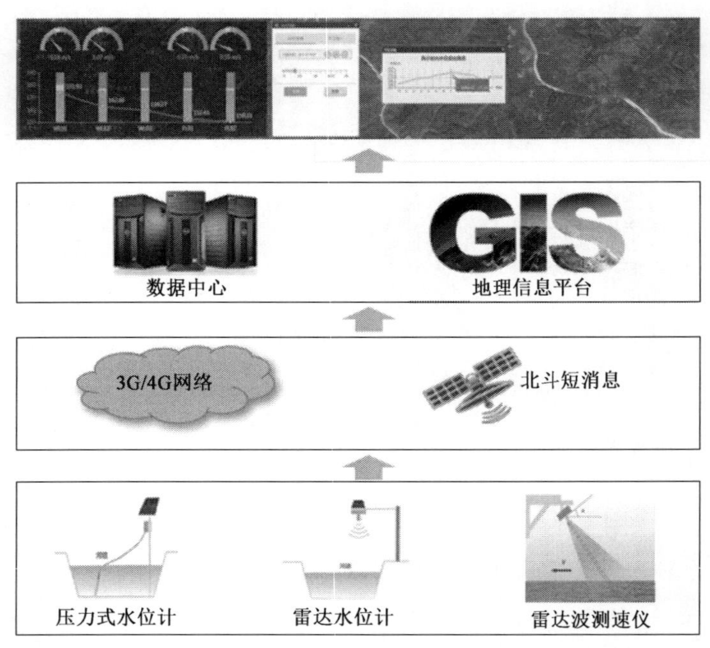

图 1-3　水文监测系统架构

在水文气象监测与预测领域,国内相关高校、科研院所等对水文气象数据的监测、传输以及数学预测模型进行了深入研究。具体有河海大学陈德春等在分析洪泽湖区近十多年的船舶事故原因的基础上,明确影响湖区船舶航行安全的主要因素是风浪。根据湖区的环境因素,计算正常水位条件下 5 个风级、8 个方位的波浪情况,得到船舶在湖区事故多发段的波浪要素,并结合航线方向探讨船舶遭受波浪作用时的运动规律,进而提出具体工程技术措施和安全措施,以建立船舶航运安全综合保障体系。中国气象局彭涛等基于地理信息系统(GIS)技术,以水文气象监测网、定量降水估算、定量降水预报、洪水预报技术为基础,通过雷达估算降水技术、中尺度数值模式预报技术获取高时空分辨率的降水信息输入水文模型来进行水文气象预报,并开发了汉江丹江口流域水文气象预报系统。海南大学吴际伟等根据南渡江下游龙塘站水文资料,研究河段冲淤变化、断面形状变化、河流流速变化,分析水位流量关系变化规律,获得单值化流量并建立水位流量关系模型,实现水位与流量的预测。华中农业大学吴鹏飞等针对渠道流量测量中的回水问题,提出了多断面水位-流量测量方法,利用神经网络逼近任意非线性函数的特征,建立了基于神经网络的多断面水位-流量关系模型。基于实测水位-流量数据,训练网络参数,实现了渠道流量测量中的应用。

通过上述研究现状可以发现,当前主流的水文监测预测系统主要是通过现场终端传感器采集数据、3G/4G 移动通信网络或北斗短消息作为通信链路、结合历史水文资料、内河航道地形建立水文数学预测模型,通过 GIS 技术实现数据的显示和分析功能,为港航管理部门提供实时、动态、可预见性的水文预测数据。

第2章　航道水文信息监测技术

2.1　引　　言

随着科学技术的不断发展,船舶在不断地朝着大型化、高速化的方向发展,同时又因为社会的快速发展,大量河道工程、港口码头、防洪发电设施的建设,使得船舶航行环境发生了巨大的变化,如河道变窄、水位变化剧烈等。特别是在内河航道中,风、流等因素,都会直接影响到船舶航行安全,具体如下:

风对船舶的影响除了失速或增速外,还会一方面使船舶向下风漂移,另一方面使船发生偏转。而由于定常风和突发风的风力特点不同,风向有时也会发生变动,况且船舶回转时与风的相对风向也会有变化,不同吃水时受风面积又有很大的差别,这就增加了船舶操作的复杂性。

海流、潮流、水流等自然水流也会对船舶航行产生巨大影响。在均匀性水流水域中,船舶的航速等于航速与流速的矢量和,同时船舶受流影响容易偏离计划航线,需做流压差修正。在非均匀性水流中,船舶会产生较大的横移和首摇。

2.2　航道水位信息监测

水位观测是水文测验中最重要的一项基础性工作,随着技术的进步,水位观测逐渐由人工观测向自动化监测转变,水位自动化监测就是通过水位传感器再配合一些数据采集、传输、存储等装置实现水位的自动监测。其中水位传感器是水位自动监测的核心元件,直接关系到水位测验的精度和可靠性,也决定着水位观测站的建设形式和工程投资。因此水位传感器的比较和选择是水文测验工作经常遇到的一个棘手问题。目前,我国应用较多的技术较成熟的水位传感器有浮子式、压力式、雷达式、超声波等。不同的水位传感器,其工作原理、优缺点、适用条件也不尽相同。

2.2.1　浮子式水位计

浮子式水位计利用浮子跟踪水位升降,以机械方式直接传动记录,适用于长期测量水库、河流、湖泊、坝体测压管等的水位,是监测水位变化的有效监测设备。水位计采用磁光编码原理进行测量,其测量精度高,稳定性好,没有温漂和时漂的影响,信号可接入分布式模块化自动测量单元或直接接入计算机,实现水位变化的自动监测。仪器以浮子感测水位变化,工作状态下,浮子、平衡锤与悬索连接牢固,悬索悬挂在水位轮的V形槽中。平衡锤起拉紧悬索和平衡作用,调整浮子的配重可以使浮子工作于正常吃水线上。在水位不变的情况下,浮子与平衡锤两边的力是平衡的。当水位上升时,浮子产生向上浮力,使平衡锤拉动悬索带动水位轮作顺时针方向旋转，水位编码器的显示读数增加；水位下降时，则浮子下沉，并拉动悬索带动水位轮逆时针方向旋转，水位编码器的显示器读数减小。浮子式水位计如图 2-1 所示。

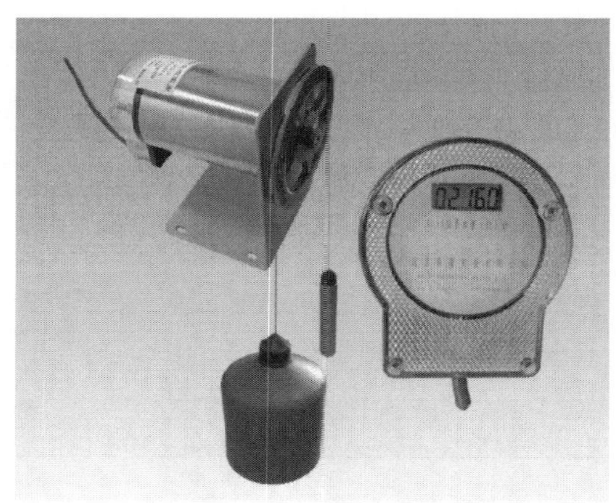

图 2-1　常用浮子式水位计

例如，某水位轮测量圆周长为 32cm，且水位轮与编码器为同轴连接，水位轮每转一圈，编码器也转一圈，输出对应的 32 组数字编码。当水位上升或下降，编码器的轴就旋转一定的角度，编码器同步输出一组对应的数字编码（二进制循环码，又称格雷码）。不同量程的仪器使用不同长度的悬索能够输出 1024～4096 组不同的编码，可以用于测量 10～40m 水位变幅。

2.2.2　压力式水位计

压力式水位计根据压力与水深成正比关系的静水压力原理，运用压敏元件作传感器的水位计。压力式水位计采用先进的隔离型扩散硅敏感元件制作而成，直接投入容器或水体中，即可精确测量出水位计末端到水面的高度，并将水位值通过模拟电流或 RS485 信号对外输出。压力式水位计根据传感器所处位置不同可分为投入式和气泡式 2 种。

(1) 投入式压力水位计。

投入式压力水位计的工作原理是通过固定在水下的压力传感单元将水压力转换为电信号，再通过电信号与水深的换算关系推求水位。根据传感单元的压电转换原理又可分为压阻式、振弦式等。投入式压力水位计具有量程大、安装简单、土建工程量小、设备价格低等优点。缺点是受泥沙、温度等环境因素影响大，存在温度、时间、非线性漂移等现象，使用时需定期进行校核和率定，长期观测精度较差；传感器需采用导电线缆传输信号，易受电磁干扰和雷击，工作可靠性较差；水位计安装在水底，设备维护困难。常用的投入式压力水位计如图 2-2 所示。

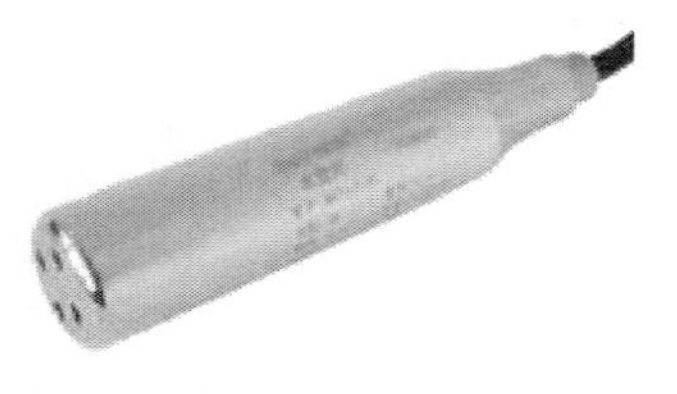

图 2-2　常用的投入式压力水位计

(2) 气泡式压力水位计。

气泡式压力水位计的工作原理是通过“吹气引压”将水下固定点的水压力通过气管引至岸上，在岸上完成对水压力的测量，然后再换算为水位。这种压力水位计可避免压力传感单元长期处于受压状态而缩短寿命，同时也避免了室外导电线缆的连接，提高了设备的抗干扰性，且由于气泡式水位计测量设备置于水面以上，使得对设备的维护和管理变得简单易行。因此，气泡式水位计测量精度高、量程

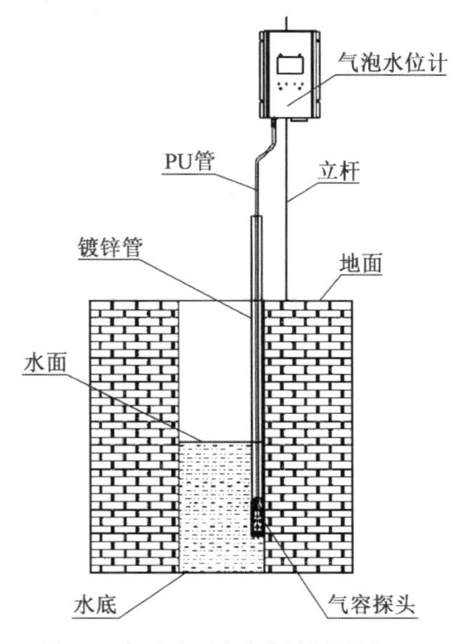

图2-3 气泡式压力水位计测量原理

大,不受水质影响、可靠性高,土建投资小;缺点是设备价格较高,仪器结构较复杂,对气管气密性的安装要求高,维护不太方便等。气泡式水位计根据吹气方式的不同,又分为自带气泵的自泵式和需高压气瓶的恒流式2种。自泵式使用空气吹气,为排除空气中水汽的影响,需要定期加装干燥剂;恒流式采用高纯氮供气,可获得更高的测量精度,但需要定期更换氮气。气泡式压力水位计测量原理如图2-3所示。

投入式压力水位计的测量精度大约为0.5% FS,量程可达500m,甚至更高。其配套土建有线缆保护设施和传感探头在水下的固定设施,土建工程量小、投资少,但水下部分施工难度较大,传感器由于固定于水下,安装后难以维护,损坏后一般只能重新更换新设备。气泡式水位计精度约为0.05% FS,其量程一般不超过40m,目前最大量程可达140m。其配套土建有气管管路的保护设施和气管管口的固定设施,土建工程与投入式压力水位计类似。由于测量单元在水面以上,运行维护较方便,但由于设备本身较精密,维护难度较高。若不具备测井建设条件,又需要获得较高水位测验精度,则多采用气泡式水位计。

2.2.3 雷达式水位计

雷达式水位计,也叫水位雷达,是利用电磁波探测目标的电子设备。其主要作用是用来进行水利监测、污水处理和防洪预警等。其主要测量原理是从雷达式水位计传感天线发射雷达脉冲,天线接收从水面反射回来的脉冲,并记录时间 T,由于电磁波的传播速度 C 是常数,从而得出到水面的距离 D。磁波对目标进行照射并接收其回波,由此获得水位水流至电磁波发射点的距离、距离变化率(径向速度)、方位、高度等信息。

雷达式水位计与超声波水位计类似,只是采用的是电磁波。电磁波比超声波有更好的抗干扰性和较小的发散角,使得水位计具有寿命长、测验精度高、量程大、抗干扰能力强、可靠性好、安装简单方便、无须建设测井、基建投资小等优点。缺点是价格昂贵,设备较复杂,损坏后不易修复,水面漂浮物较多时也不适用;另外,在大雨时,因测量端面充满水体而导致雷达波发射混乱,会影响测量数据。常用的雷达式水位计如图2-4所示。

图2-4 常用的雷达式水位计

各种雷达式水位计的具体用途和结构不尽相同,但基本形式是一致的,包括:发射机、发射天线、接收机、接收天线、处理部分以及显示器,还有电源设备、数据录取设备、抗干扰设备等辅助设备。脉冲雷达测量距离能达到70m,适合远距离测量水位,同时较小的波束角能允许仪表安装位置更加靠近侧壁,便于安装调试。

雷达式水位计精度约为0.03% FS,最大量程一般小于70 m。其配套土建是安装支架，一般采用钢结构制造，土建工程量小，造价较低，施工难度较小。若河流水面漂浮物不多，水位变幅也不大，且岸坡陡峻，可采用雷达式水位计；若水体变幅范围内有直立面，且具备建设悬臂支架条件，也可采用雷达式水位计。

2.2.4 超声波水位计

超声波水位计适用于江河、湖泊、水库、河口、渠道、船闸及各种水工建筑物处水位测量，因此可用作水位数据采集系统和水文自动测报系统的传感器。超声波水位计的工作原理是利用超声波（机械波）测距原理测量水位，根据传感器的安装位置，又分为气介式和液介式 2 种。气介式水位计架设于水面以上，而液介式固定于水面以下。这类传感器具有无须测井，土建投资小，设备价格低，安装维护方便等优点；缺点是由于采用的是超声波测距原理，受气（水）温、空气（水）密度、湿度、泥沙含量等的影响较大，测量精度和可靠性较差，在水面漂浮物较多时亦无法使用。

超声波水位计安装在被测介质的上方，通电后传感器向介质发射超声波脉冲，穿过空气到达介质表面后被反射回来，部分反射的回波被同一传感器接收，并转换成电信号。从脉冲发射到接收所用的时间，即脉冲的传输时间，与传感器到介质表面的距离成正比。可根据脉冲的传输时间和脉冲的速度（340m/s）计算出传感器到介质表面的距离。

与同类产品相比，超声波水位计具有性能可靠、运行稳定、适用范围广等特点，可在东北地区恶劣的气候条件下实现全天候工作。在超标准洪水条件下，更能显示出其优越性所在。在抗洪抢险中，能够及时、准确、快速地采集水情信息。缺点是容易受风浪的影响，尤其是闸下水位，水流急，浪涌大，所以闸下不宜安装超声波水位计，可以换作压力式水位计。图 2-5 为超声波水位计的安装效果图。

图 2-5 超声波水位计的安装效果图

超声波水位计精度约为 0.3% FS，量程一般小于 20m；与雷达式类似，其配套土建是安装支架，一般采用钢结构制造，土建工程量小，造价较低，施工难度较小；通常安装于水面以上，维护较方便，同样由于设备较精密，维护难度较高；另外水面漂浮物对这类水位传感器影响较大，因此水面漂浮物的清理也是维护工作的重要部分。

2.2.5 针对山区内河航道的水位计选型

山区型河流对水位计有特殊要求。山区型河流主要特征为洪水陡涨陡落,水位变幅较大;洪水中推移质、悬移质较重,杂物较多,如稻草、树枝、树干等;河床坡降大,洪水冲击力度强。这就要求所选择的水位计量程要大,能很好地处理杂物泥沙对其的影响,且能抗冲击、不易损坏、易于检修维护和更换设备。表2-1为多类型水位计参数比较。

多类型水位计主要参数比较 表2-1

项目	浮子式水位计	压力式(投入)水位计	压力式(气泡)水位计	雷达式水位计	超声波水位计
测量原理	浮球测量	水压测量	水压测量	电磁波测量	声波测量
测量精度	高	低	高	高	低
土建施工	难	简单	难	简单	简单
设备造价	高	低	高	低	低
维护难度	高	低	高	低	低

从上面的分析可知,雷达式水位计似乎利于山区型河流对水位的测量,但在实际应用中并不尽然。雷达式水位计在对河道边坡的选择上要求比较高,因为其全靠支撑臂悬挂,支撑臂受风力和自身重力的双重作用,如果太长,安全性和精度都达不到测量要求。所以,在建设条件相对较好、测量河段不轻易被破坏的河段,建议仍然采用测井加浮子式水位计;在建设条件不好的地方,根据河道边坡条件,比较陡峭的河段边坡尽量使用雷达式水位计;对被选择的河流只有较长漫滩的河段可供测量使用的,可以采用气泡式水位计对水位进行测量。

2.3 航道表面流速信息监测

水流条件是航道通航条件的一个重要方面,因为即使航道尺度符合要求,但如没有良好的水流条件,船舶安全航行也是无法得到保证的。通常,从流速、流向、流态三个方面分析航道水流条件,其中流速对船舶航行速度影响很大,当船舶顺流而下时,流速可显著提高航速;船舶逆流而行驶时,流速则有明显阻碍作用,在急滩处有时需要绞滩等设施才能通过。

根据水流流动的方向,可分为纵向流速、横向流速;根据测量范围,可分为测点流速、垂线平均流速、断面平均流速、近底流速、表面流速等。常用的测量航道表面流速的设备主要包括雷达流速仪和多普勒超声波流速剖面仪,主要区别在于雷达测量方式为电磁波,多普勒测量方式是声波。

2.3.1 雷达流速仪

雷达流速仪是利用雷达多普勒效应,用非接触的方式测量水面流速的新型测流仪。要确定水流速度,首先雷达枪传送和引导一个微波能量束(无线电波)与目标形成一个逼近(或后退)角。当该能量束中的能量击中目标时,该束中的少量能量将被反射回雷达设备上的天线。反射信号频率的变化量与目标的速度成比例,这就是多普勒效应,然后雷达设备可以通过传输和反射信号的频率差确定目标速度。

天线传输无线电波束后,无线电波束在目标区域形成一个椭圆形。波束的大小取决于天线与目标之间的距离。水平波束宽为 12°。目标离天线越远,检测区域越大。在测量波束宽度时,需要读取多次结果,以便充分涵盖波束的宽度。要开始测量速度,将雷达枪对准水面,按键直接开始测量。可按照水流的方向或其反方向测量水面流速。雷达式水位计测量原理如图 2-6 所示。

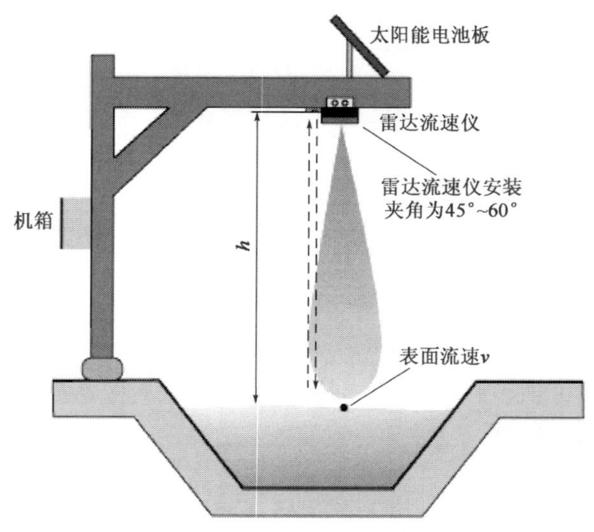

图 2-6　雷达式流速仪水位计测量原理

通常,雷达式流速仪有效距离为 0 ~ 40m,测量范围 0.1 ~ 15m/s,测量精度约为 ±0.01m,分辨率能达到 0.001m/s。

2.3.2　多普勒超声波流速剖面仪

声学多普勒流速剖面仪(Acoustic Doppler Current Profiler,ADCP)是一种用于测量水速的水声学流速计。其原理类似于声呐:ADCP 向水中发射声波,水中的散射体使声波产生散射;ADCP 接收散射体返还的回波信号,通过分析其多普勒效应频移以计算流速。起初 ADCP 仪是 RD Instruments 公司于 19 世纪 80 年代推出的产品系列名称,如今已演变为同类声学流速仪的统称。

超声波流速仪采用双探头工作,一个探头发射超声波,超声波在水中传播的过程遇到细小尘埃颗粒或者微小的浮游生物体就会发生散射,其中一部分散射声波被接收探头捕获,通常认为水中的细小颗粒和生物体的速度就代表了水体流速,根据发射探头的发射频率和接收探头接收到的频率差可以计算出流速。

声学多普勒流速剖面仪用声学换能器作传感器,将探头置于水面下一定深度,测定垂线的水文要素。其测流原理是,通过按一定规则排列的 4 个声波换能器向水中发射脉冲声波,然后接收被水体中颗粒物散射回来的声波。假定水体中颗粒物与水体流速相同,依据反射信号的多普勒频移计算颗粒物沿声束方向的移动速度;利用测河底脉冲测量水深及测船相对于地球的速度矢量,取两者矢量差值就是要测量的流速矢量。

ADCP 内的关键部件是压电效应换能器,用以发射和接收声学信号。测量声波的往返时间,将其乘以水中声速即可粗略计算出散射体的距离;测量声波的多普勒效应频移,则能计算出散射体在该声束方向上的速度分量。因此,要测量速度三向量,需要至少三个换能器来产生三个不同方向的声束。而在河流测速中,由于目标数据通常只含两个速度向量(即忽略垂直于河岸的水速),相应地通常仅配备两波束的 ADCP。近年的 ADCP 由于配备更多功能,如测波、湍流测量等,三、四、五甚至九波束的配置也已出现。不同 ADCP 发射的声学频率范围最低可至 38kHz,最高则达数兆赫,其频率与目标水域水深相关。

ADCP 由以下组件构成:一个放大电路;一个接收器;一个时钟,用以测量声波的往返时间;一个罗经,用以测定方向;一个运动姿态传感器;一个模拟-数字转换器和一个数字信号处理器,用以处理返还的声学信号并分析其多普勒频移;一个温度传感器,用以校正声速在当前海水状态方程下的偏差(此校正过程假定盐度保持在一个预设的常值)。这些测量数据可以存储在内置的存储器中,也可实时输出到用户端的软件上,分别称为自容式和直读式。

目前,通过声学波束测量多普勒效应频移,从而计算流速的处理方法有三种。第一种是仅使用单个长脉冲的"脉冲不相干",即"窄带"法,该方法时空分辨率、测量精度较低。第二种是使用多个编码脉冲序列的"宽带"法,在测量精度、时空分辨率、盲区大小和适应性等性能上全面优于"窄带"。第三种是利用一对相干的短脉冲的"脉冲相干"法,这是一种局限性较大的处理方法,仅适用于极短的剖面测量过程,但其时空分辨率有极大提高。

按安装方向区分,ADCP 又可分为河岸固定式(若安装在船体侧面,则称为船舷式)、船底式和坐底式,分指侧向、朝下和朝上安装。安装在水域底部的坐底式 ADCP 和安装在船底的船底式 ADCP 以均匀的深度间隔测量纵向剖面的流速与流向;安装在河岸、墙体及桥墩等固定位置的河岸固定式 ADCP 则侧向测量岸与岸之间的剖面流速。将 ADCP 安装在位于水中或水底的锚系观测平台上,是海洋学中海流和波潮研究的常用方法。在电池容量允许的范围内,ADCP 可在水中持续观测数年时间;而一些 ADCP 则可通过传输数据的脐带电缆向仪器供电。图 2-7 所示为 ADCP 设备外观图。

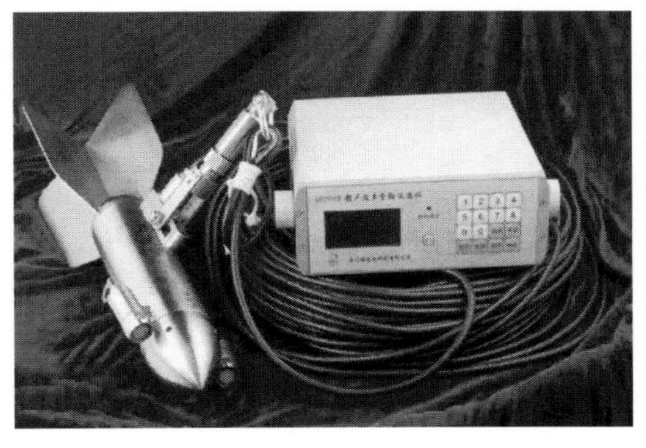

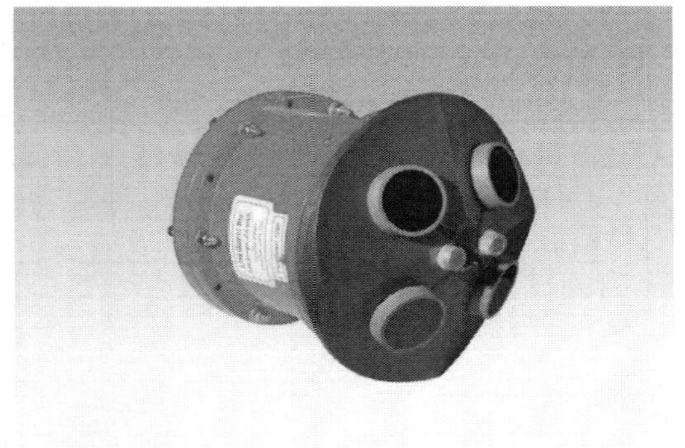

图 2-7　ADCP 设备外观图

ADCP 有两大优势:首先是 ADCP 的遥感属性,设备能够测量超过 1000m 范围的剖面流速,为科学研究、工程和监测工作带来了极大的便利;而且超声波传感器测量点在探头的前方,不破坏流场,具有测量精度高,量程宽;可测弱流也可测强流;分辨率高,响应速度快;可测瞬时流速也可测平均流速；测量线性，流速检定曲线不易变化；此外，ADCP 没有活动部件，因此可抗生物附着。这些特点使得 ADCP 能提供长期的使用，无须维护。ADCP 的劣势是在测量区域的边缘存在盲区，又称旁瓣干扰。旁瓣干扰区域通常占据剖面面积的 6% ~12%。

2.3.3 针对山区内河航道的流速仪选型

多普勒超声波流量计流速测量基于多普勒效应，探头斜向上发出一束超声波，超声波在流体中传播，流体中会含有气泡或者颗粒等杂质(可以认为流体中的杂质和水流的速度一致)，当超声波接触到流体中的杂质时会使反射的超声波产生多普勒频移 Δf，多普勒频移 Δf 正比于流速。通过测量多普勒频移 Δf 即可测量出流体的流速。

它的优点主要有：

(1)测量精度高，流速精度可达测量流速的 ±1%。

(2)能够测低至 50cm/s 的流速，是其他流速传感器无法实现的。

(3)无水头损失，不会对水流造成阻碍。

缺点：

水下安装，需要找水下固定位置，安装和维护较为不便。

雷达式测流产品，采用多普勒雷达测速原理，对水流的表面流速进行探测，微波雷达不受温度梯度、压力、空气密度、风或其他气象环境条件的影响，可全天候全天时稳定工作。同时，雷达可以设置不同发射频率，在多点近距离探测时，可有效地避免相邻产品的雷达波束互扰影响。另外，监测系统或单位可根据探测获得的速度值(多点测量)，加之河道断面几何形状信息等，对天然河流/城市河流、渠/涵/管道剖面水流量进行测定。

雷达流速仪的原理和多普勒超声波流量计的测速原理基本相同，但是由于它是测量水体表面的流速，实际使用的过程中会受到风浪的影响。

优点：

(1)采用非接触的雷达波测速，适合安装在环境比较恶劣，对测流精度要求较低的场合。

(2)安装简便，只需要将设备正对水流方向即可。

缺点：

(1)由于采用高频吉赫兹级的雷达波，其起始速度较高，一般为 0.10m/s 的水流时才能测量。

(2)测流的精度不高，会受到水面的波动影响，有可能出现下面没有水流动但是会测量出水流的情况。

针对山区河流环境，水流湍急，流速较快，并且降水、水闸放水等引起的较大的流速变化才是影响航道安全的关键因素，所以绝大部分场景下并不需要精确的流速测量。相对而言，非接触式测量的雷达式流速传感器，更加符合山区河流的使用环境。

2.4 航道流量信息监测

航道流速和流量测量是水文测验的主要项目之一，不稳定流和多变复杂的内河航道环境一直是水文测量所面临的难题。测量剖面流速的设备主要包括声学多普勒剖面流速仪、声学时差法流速仪、电磁流速仪。

电磁式流速仪是利用电磁原理测量点流速。这种仪器在水中产生一个人工磁场，水流流过此磁场，相当于电导体切割磁力线，将在水流两侧产生感应电动势。测量此电动势后，可以计算出水流的平均流速。磁场只产生在仪器附近，测得的流速被认为是仪器所在处的电流速。

声学时差法流量计，可以用于各种大中小河流，能较准确地自动测量流量。流态紊乱、有正逆流的感潮河段也可以应用。使用时，时差法流量计要在河流的两岸安装声学换能器，要铺设很长的电缆，并要有防雷保护，不建议在水草多的河道安装，因为水草和水草中的气泡会阻挡声束传播。

目前，最常用的测流设备有声学多普勒流速剖面仪，它是根据水声多普勒原理进行工作的测速声呐。相比于以往的机械式或电磁式测量设备，声学多普勒流速剖面测量能直接获得流速剖面，具有不扰动流场、测验历时短、测速范围大等特点，可节省大量的人力和时间，目前被广泛用于海洋、河口的流场结构调查、流速测验等。发射信号设计及其相应的信号处理技术是多普勒测流研究的一个重要方面。

ADCP 可用于河流、运河的流量测量。具有“脉冲相干”测流功能的 ADCP，能以高精度测量急剧的小规模水体运动，即湍流的流速。经过配置，这类 ADCP 便可用以测算湍流的参数，如垂直剪切应力（雷诺应力）、湍动能剪切生成率、垂直涡黏性系数参数以及湍动能耗散率等。其中，对流速分量使用柯尔莫哥洛夫结构函数是计算湍动能耗散率的一种经典方法。ADCP 的湍流测量功能既可在固定的观测平台上使用，也可应用在运动载具上，如潜标和水下滑翔机等。

超声波流量计算利用超声波多普勒流速仪传感器，通过流速的测量进行新的处理和二次运算。在仪表或者软件后台中存储不同河道的流量计算公式，填入现场数据，超声波流量仪就可以自动算出测量现场的面积，流速已经测得时，一般用公式 $Q = S \times v$，即可得到流量。因为受河道、河床、船舶航行等影响，流量存在一定的误差，在不同流域内都需要进行单独标定。

第3章　航道气象信息监测技术

3.1　引　　言

山区内河航道气象要素与陆地上气象站的监测数据相比有较大区别,具有监测站点少、预测难度大的特点。由于其特殊地形环境,山区内河航道容易产生局部团雾、短时骤风、强对流天气等复杂气象条件,严重影响船舶航行安全。而伴随着我国内河市场的发展,船舶通行量增大、航道内恶劣气候状况的发生,将使船舶出现较剧烈的摇荡运动、降速、航向不稳定,极大增加船舶操纵的难度,甚至出现难以预料的危险。

对航道能见度、风速、风向、温湿度、降水量等气象要素信息精准监测是水上交通信息服务的前提。随着物联网、数字化创新成果与水上交通的深度融合,在山区内河航道上完善气象监测站点,加强对气象要素的自动化监测,成为建设“平安交通”、保障航运安全的重要抓手,将为水上交通安全管理、保障船舶航行安全、防止突发灾害天气引发水上交通事故提供有力支撑。

3.2　山区航道气象的特点

(1)风险性。复杂航道气象对水上交通安全所造成的影响和损失的程度具有不确定性,体现出风险的特性。而根据船舶航行及安全管理现状可知,复杂气象条件对水上交通安全会造成较大影响,往往是水上交通事故的诱因,是影响水上交通安全的主要风险源之一。

(2)普遍性。复杂气象条件作为一定时间和空间内的大气状态,在水上交通系统运行的过程中普遍存在,对船舶航行、作业安全及航运效率等方面存在广泛影响,具有较强的普遍性。

(3)动态性。复杂气象条件的时空分布决定其动态特征,随时间的推移,复杂气象状况也将不断发展和演变。复杂气象的状态不仅随外部气候环境的变化而更迭,同时还取决于当时天气环境下的船舶状况,包括船舶航行状态、船舶装载状况以及设备配备等因素。

(4)可控性。复杂气象状况对水上交通系统所造成的影响和损害应在可控范围内,在有效的外部管理和内部决策下其危害应可以得到缓解,而非不可抗力的灾害性天气。

(5)随船性。因船舶种类、尺度、载货量、设备状况的不同,复杂气象条件对其影响具有差异性,对不同状况船舶航行的影响程度、影响方式也各不同。例如,集装箱船由于其货物装载方式的特殊性,满载时受风面积较大,该船型与干散货船、油船等其他船型相比,其操作性能及航行安全更容易受风的影响。

3.3　山区航道气象监测指标

内河航道气象信息监测是航道状况监测与交通事故防范系统的重要组成部分，主要用于监测获取对水上交通安全影响较大的气象信息。依据恶劣气象条件对水上交通安全影响的分析，山区内河航道气象信息监测节点监测的气象类型主要有：能见度、温度、湿度、风速、风向、降水强度、降水量、天气现象等指标。其中，天气现象包括雾（雾、大雾、浓雾），雨（毛毛雨、阵雨、小雨、中雨、大雨），雪（小雪、中雪、大雪、阵雪、雨夹雪、阵性雨夹雪、米雪），冰（冰粒、冰雹、霰），冻雨（弱、中度、强）在内的 21 种天气现象；内河航道中的风包括微风、强风、大风、狂风、飓风，分别对应着三级、六级、十级以及十一级以上风力，通过监测 0 ~ 40m/s 的风速可以得出；降雨强度、降雪强度分别为将降雨和降雪天气现象下的降水强度。各气象要素的种类及技术指标如表 3-1 所示，各地需根据实际的需求，选择全部或部分指标进行自动化监测。

系统监测的气象种类以及技术指标　　表 3-1

气象类型	测量范围	分辨率	准确度
能见度	10 ~ 2000m	1m	±50m（≤550m） ±10%（>550m）
气温	-50 ~ +50℃	0.1℃	±0.5℃
相对湿度	5% ~ 100%	1%	±3%
风速	0 ~ 60m/s	0.1m/s	±0.3m/s
分向	0 ~ 360°	3°	±5°
降水量	0 ~ 9999mm	0.1mm	±5%（液态降水） ±10%（固态降水）
降水强度	0 ~ 1200mm/h	0.1mm/h	±5%（液态降水） ±10%（固态降水）
天气现象	识别轻雾、浓雾、强浓雾、雪、雨夹雪、冻雨、冰霜等天气现象		

3.4　气象信息监测功能要求

一套性能优异的航道气象信息监测系统应该满足以下设计要求：

（1）成本低，内河航道气象信息监测往往需要大量的站点（节点），尽量降低单个站点的成本，才能提高气象信息监测系统的市场竞争力。

（2）功耗低，在山区内河两侧往往难以提供可靠稳定的电源，分布在航道两侧的数据节点需要蓄电池或太阳能供电，若系统功耗过高，势必导致供电不足需要经常更换电池，这将大大降低系统应用的可行性。

（3）数据传输稳定性高，稳定性是衡量系统性能的重要指标之一。受山区地形遮挡，无线信号传输会有影响，需提高数据传输设备的抗干扰能力，防止出现通信中断现象。

（4）设计简洁，航道气象信息监测系统包括大量的节点，如果设计复杂，系统的维护负担将很大。

山区内河航道气象信息监测系统主要功能要求如下：

(1)自动采集和数据预处理。航道气象信息监测站点应能自动采集各类气象要素，并对采集的数据进行初步处理分析，智能判决当前的气象条件。

(2)信息定时上传数据。气象信息监测站按照水上交通管理部门规定的特定时间间隔(如1min/5min/30min等)自动上传监测数据，并支持通过控制指令修改时间间隔。

(3)恶劣气象的报警功能。气象信息监测站点对采集的气象数据进行智能分析判决，当出现恶劣气象条件时(如浓雾、大风、暴雨)，主动上报气象信息，并发出警报。

(4)气象数据的存储与历史查询，支持气象监测数据的本地化存储及远程传输，支持气象信息的历史查询。

(5)恶劣气候下的正常工作。采用太阳能电池与蓄电池混合供电的方式，满足气象监测站点在恶劣气候条件下连续工作5天的电力需求。

3.5 气象信息监测系统架构

如图3-1所示，气象信息监测系统包括了前端感知设备、无线通信模块及上位机管理平台三大部分。其中，前端设备主要包含能见度传感器、温湿度传感器、风速风向传感器、降水信息传感器、天气气象信息传感器等前端感知设备。在系统工作模式中，前端的感知传感器先将数据交给数据采集器进行打包，接着数据包经由无线通信模块发送到上位机管理平台；上位机管理平台对数据包进行解码、重构和发布，供用户使用。

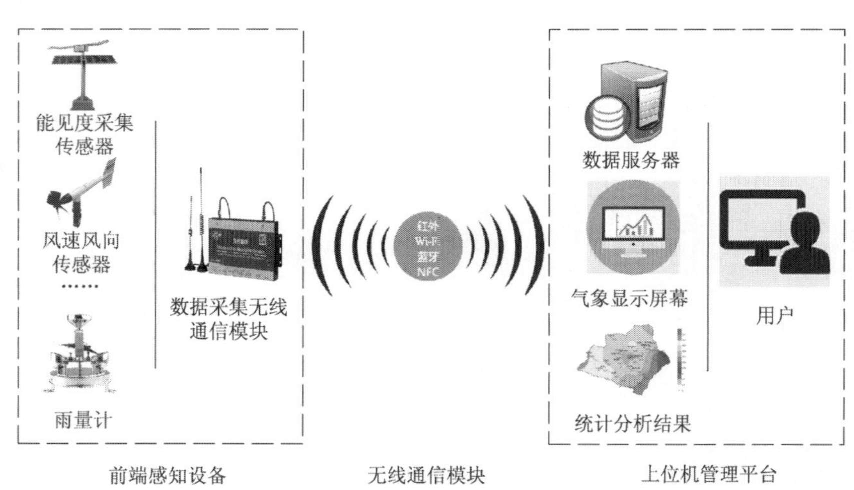

图3-1 监测系统拓扑结构图

(1)前端感知设备。前端感知设备包括各种不同功能的气象数据采集传感器及相应的信号调理电路。传感器模块是信息采集系统的核心器件，也是无线传感网络的信息来源，它是无线传感网络的基础，主要作用是对传感网络范围内的多种气象数据进行感知、采集与转换。信号调理电路主要包括模拟开关、放大器、采样保持等电路，作用是把传感器模块输出的信息数据转化成微处理器可直接处理的信号形式。

(2)无线通信模块。无线通信模块包括红外、无线宽带(Wi-Fi)、蓝牙(Bluetooth)、近场通信(NFC)等通信方式,主要用于上位机与传感器节点之间的通信,可分为协调器节点和终端节点两部分,终端节点与传感器相连,上位机与协调器节点相连。

(3)上位机管理平台。上位机管理平台主要功能有传感器节点数据实时显示、数据库管理、报警信息设置、报警信息处理、历史数据处理等。

3.6　能见度信息监测

3.6.1　能见度传感器测量原理

能见度是反映大气透明度的一个指标,在气象学中用光学视程来表示,即指色温为2700K的平行光束的光通量在大气中传输,削弱至初始值的5%所通过的路径长度。能见度可以分为白天能见度和夜间能见度两种。白天能见度是指视力对比感阈值为0.05的人,在当时天气条件下,能够从天空背景中看到和辨认目标物体的最大水平距离;夜间能见度是指中等强度的发光体能被看到和识别的最大水平距离。依据以上定义,能见度的计算公式见式(3-1)。

$$R_m = -\frac{\ln\varepsilon}{\sigma} \tag{3-1}$$

式中:R_m——气象能见度;

σ——大气消光系数;

ε——视觉对比阈值,通常取$\varepsilon=0.05$。

通过式(3-1)可以看出,能见度可以通过测量大气消光系数σ来确定。目前,市面上主流的能见度传感器主要分为三种:透射式能见度传感器、后向散射式能见度传感器以及前向散射式能见度传感器,都是通过测量大气消光系数σ来得到能见度值。

3.6.2　能见度传感器类型

(1)透射式能见度传感器。透射式能见度传感器主要由一对激光发送、接收装置组成,如图3-2所示。接收器接收激光发射器发出的平行光束,通过信号处理单元计算出大气的消光系数,从而换算出大气能见度。相比其他两种能见度传感器,透射式能见度传感器具有测量精度高的优点。但是,普遍的透射式能见度传感器的收发系统分体安装,并且对发射器与接收器的安装位置具有严格的要求,并不适用于可移动式航道气象信息监测系统。

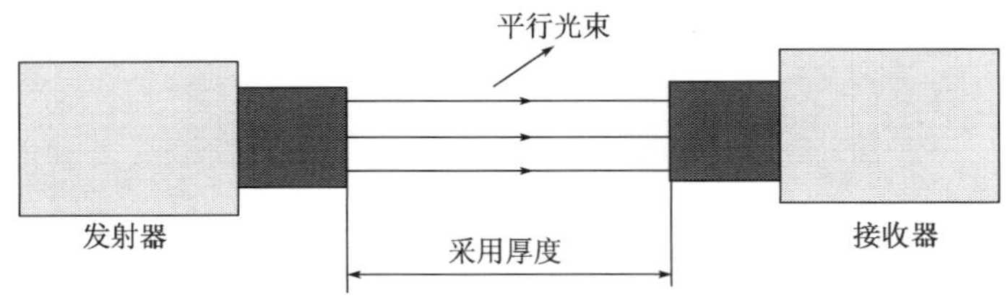

图3-2　透射式能见度传感器结构原理简图

（2）后向散射式能见度传感器。后向散射式能见度传感器由处于同一端的发射器与接收器组成，如图 3-3 所示。接收器与发射器呈一定角度，利用大气对光线的散射原理，接收器接收经大气散射后的光束。其采样体积大、结构简单，测量效果较好。但是，由于采样区间一般距离发射器与接收器 10m 以上，在低能见度的情况下，测量误差较大。

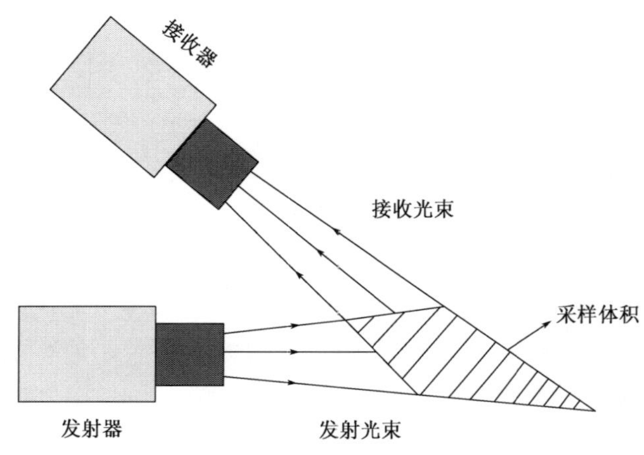

图 3-3　后向散射式能见度传感器结构原理简图

（3）前向散射式能见度传感器。前向散射式能见度传感器是在后向散射式能见度传感器的基础上发展而来，其结构如图 3-4 所示。为克服后向散射式能见度传感器在低能见度下测量精度差的缺点，前向散射式能见度传感器的发射器与接收器处于两端，其散射角一般在 20°～50°之间，发射器与接收器之间一般不超过 1.5m 距离，采样区域被限制在中间。因此，该类传感器抗干扰能力强，特别适用于低能见度的情况下使用，是目前市面上应用最广泛的能见度传感器。具有体积小、适用于低能见度检测、抗干扰能力强等特点，适用于山区内河航道气象监测。

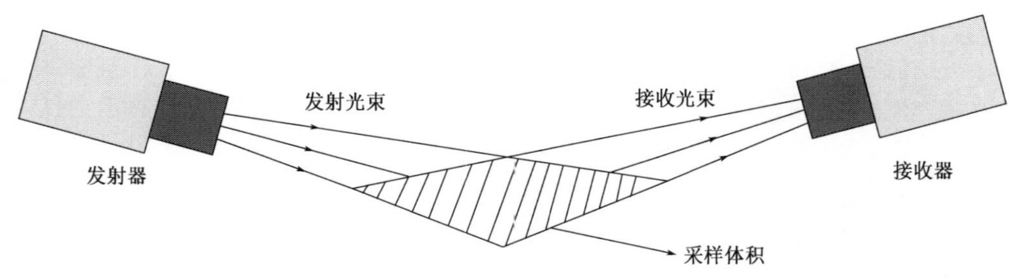

图 3-4　前向散射式能见度传感器结构原理简图

但长江下游沿岸地区，由于地势平坦、湿度大、局部团雾多，故选用 TP-VISI1 能见度传感器。该传感器量程达到 10km，测量误差在 ±10% 以内，具备全天候工作、高智能化、高稳定性、防腐等优点。主要参数为：测量范围 1～10000m，准确度 ±2%（≤1000m）、±10%（>1000m），分辨率 1m（≤1000m）、100m（>1000m）。

3.7　温湿度信息监测

3.7.1　气温传感器类型

航道气象中的气温是指空气流通、不受太阳直射下测试的空气温度。气温传感器种类繁多,主要有铂电阻温度传感器、热敏电阻传感器、热电偶温度传感器、晶体管温度传感器。

(1)铂电阻温度传感器。铂电阻温度传感器利用金属具有的温度敏感特性测量温度,当温度变化时金属的电阻也发生变化。因为铂电阻的抗氧化性好,温度测量范围宽、线性度好,主要用来测量空气、土壤和水的温度,是目前广泛使用的精度高、稳定性好、性能可靠的测温元器件。该类传感器往往由精密级铂热电阻元件和经特殊工艺处理的防护套组成,采用四屏蔽信号电缆线从敏感元件引出用于测量。

(2)热电偶温度传感器。热电偶温度传感器利用加热两种不同材质的导体的连接时,不加热的部位会出现电位差来测量温度。该类传感器灵敏度较低,而且容易受环境干扰,但是有极高的响应速度,适用于快速变化的场合。

(3)晶体管温度传感器。晶体管温度传感器利用了集电极电流恒定时,基极-发射极电压与绝对温度成正比的原理。其制造工艺与集成电路工艺匹配,因而生产成本低廉,而且具有出色的长期稳定性、灵敏度高、可预测性高、相关温度的时间非依赖性、功耗低等优点,也是国内外应用广泛的一种温度传感器。

3.7.2　湿度传感器类型

湿度是表示空气中含有水汽多少的物理量,用来衡量空气的干湿程度。湿度传感器从简单的湿敏元件向集成化、智能化、多参数检测的方向发展,将湿度测量技术提高到新的水平。按照传感器的工作原理大致可分为电容型湿度传感器、电阻型湿度传感器、谐振式湿度传感器和基于热传导的湿度传感器等类型。

(1)电容型湿度传感器。电容型湿度传感器是目前应用最多的一种传感器,大概占传感器总数的75%,因而种类也是非常繁多的。按照结构可分为:

①三明治型。三明治结构的湿度传感器如图3-5所示,它由上下两层金属外加中间一层感湿介质构成,电容是上下结构。当湿度发生变化时,中间感湿介质层的介电常数也随之发生变化,从而改变结构的电容值。这样做的好处在于,环境中的水汽可以沿圆柱形的侧面扩散进入,介质的感湿面积大大提高,从而使湿度传感器的响应时间大为缩短。

②平铺叉指型。平铺叉指型的湿度传感器如图3-6所示,铝叉指电极在同一平面上,电极之间嵌有一层介质层,电容是左右横向结构。当湿度发生变化时,中间感湿介质层的介电常数也随之发生变化,从而改变结构的电容值。这种结构优点为工艺简单,易于和测量电路集成;缺点为电容值较小,灵敏度低。

(2)电阻型湿度传感器。图3-7所示为由一种用微机电系统(MEMS)和厚膜技术制成的电阻型湿度传感器,是利用化合膜PMAPIAC/SiO_2吸湿后电导率发生变化的原理来测量湿度。

此传感器的工作范围 30% ~90% RH，响应时间 30s，湿滞 5.1% RH，温度系数 -0.72% RHP/℃。缺点是由于电阻固有的温度系数，使传感器不能在很宽的温度范围内工作。

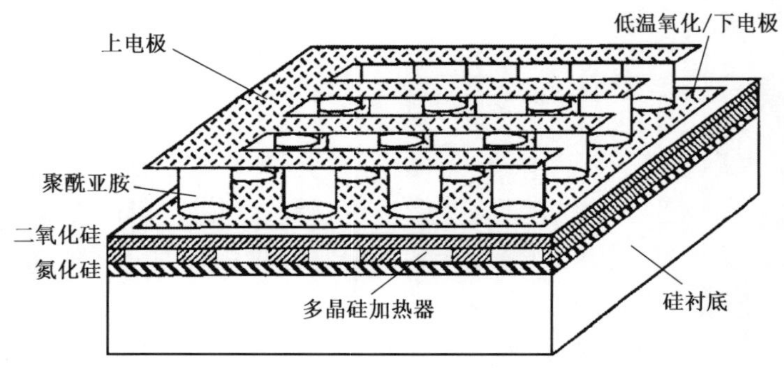

图 3-5　三明治型电容式湿度传感器

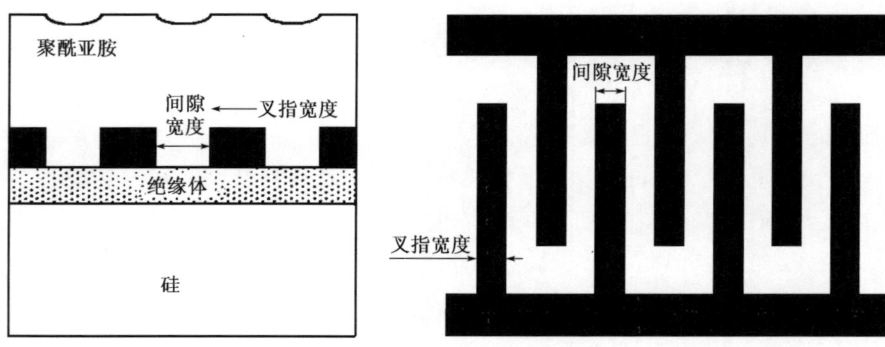

图 3-6　平铺叉指型电容式湿度传感器

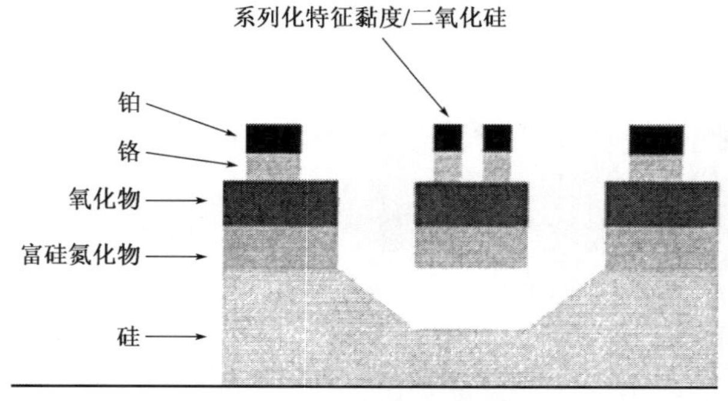

图 3-7　电阻型湿度传感器剖面图

(3)谐振式湿度传感器。谐振式湿度传感器在表面加工工艺形成的谐振梁上涂上一层聚酰亚胺作为吸湿介质层。当湿度增加时，聚酰亚胺吸湿会发生膨胀并增加重量，使得谐振频率下降，因而通过测量谐振频率即可测得湿度。此传感器的谐振梁采用多晶硅电阻静电激励，灵敏度为 270Hz/100%，湿滞低于 2%，非线性低于 0.5%。缺点是驱动功率对其影响很大，测量电路比较复杂。

(4)基于热传导的湿度传感器。图 3-8 为基于热传导的湿度传感器截面图。一个 PN 结悬浮在硅衬底上，并与外界环境相接触；另一个相同的 PN 结则被密封在真空腔中。其工作原理具体如下：两个 PN 结通过多晶硅加热条同时加热至 250℃左右，湿空气的热传导率要高于干燥空气，随着环境湿度的升高，空气的热传导率升高，导致暴露在空气中的 PN 结温度下降。PN 结一般为负温度系数，所以其两端的输出电压升高，而密封腔中的参考 PN 结输出电压不变。这两者的电压差通过跨导运算放大器进行放大，运算放大器的输出电流通过开关电容电路进行积分，整个电路的增益为 60dB。基于热传导的湿度传感器是利用干湿空气不同的热传导率和 PN 结的负温度系数进行测量的，其中一个用于测量的 PN 结直接暴露于空气中，因此不能用于恶劣环境下的湿度测量。

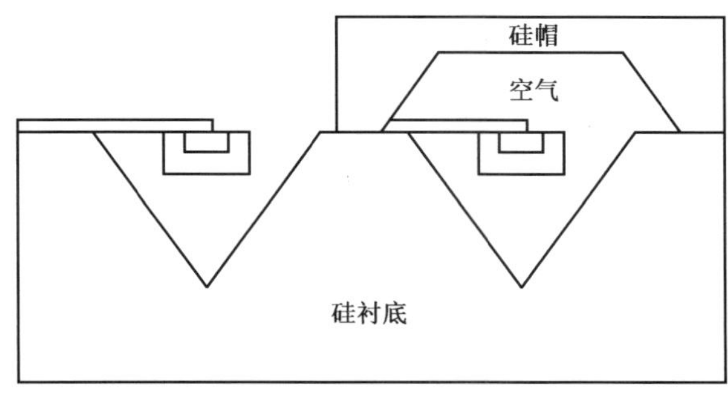

图 3-8　基于热传导的湿度传感器

3.8　风速风向信息监测

风速风向传感器即将空气的流动速度变量转换成相应输出信号的装置，目前市面上主要分为螺旋桨式风速风向传感器、超声波风速风向传感器和三杯式风速风向传感器三种，如图 3-9 所示。

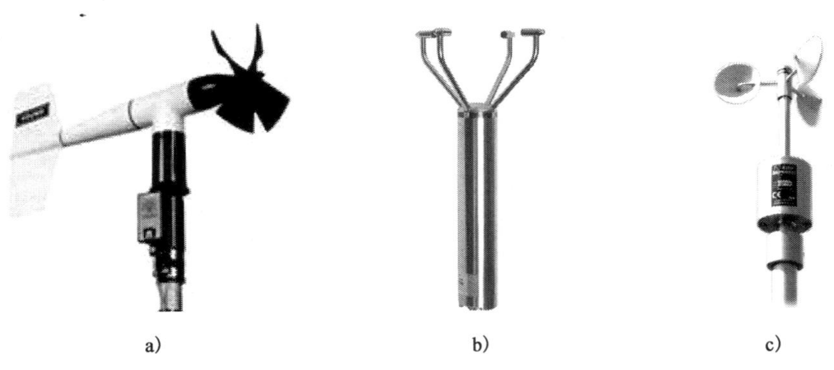

图 3-9　三种风速风向传感器

a）螺旋桨式；b）超声波式；c）三杯式

（1）螺旋桨式风速风向传感器。螺旋桨式风速传感器由一组三叶或四叶绕水平轴旋转的螺旋桨组成，螺旋桨装在传感器风标的前端，其旋转平面始终正对风的来向，转速正比于风速。

（2）超声波风速风向传感器。超声波风速风向传感器是利用声波传播方向的风速分量影响声波传输速度的原理制成，至少包含两对感应元件。每对都由一个超声波发射装置和一个超声波接收装置组成，两个超声波发射装置发射的超声波方向相反，对应的两个声波接收装置接收到超声波的时间差与风速分量成正比。如果同时在水平和垂直方向各有两对感应元件，则可以分别计算出水平风速、风向以及垂直风速。

(3)三杯式风速风向传感器。三杯式风速风向传感器是最常见的一种风速风向传感器，具有测量稳定、性价比高等优点。三杯式风速风向传感器由三个互呈 120°、固定在架上的半球风杯组成。三个风杯顺成一面，整个架子连同风杯装在一个可以自由转动的轴上，在风力的作用下风杯绕轴旋转，主轴带动磁棒盘旋转，通过磁敏元件产生脉冲信号，其信号的频率与风速成正比。

其中，超声波式风速风向传感器相比于另外两种传统机械式风速风向传感器，测量精度更高，受环境影响更小，对于风速风向的突变更为敏感，比较适合在航道沿线安装实施。如在长江下游航道中选用的 WS200-UMB 型超声波风速风向传感器，其主要技术参数为：启动风速 ±0.3m/s，风速精准度 ±0.3m/s(0.6m/h)，风向精准度 ±3°，满足了航道对风速风向监测的需求。

3.9 降水信息监测

降水监测是在时间和空间上所进行的降水量和降水强度的观测。降水量是指一定时间内降落在某一面积上的水量，一般以单位面积上水层的深度(mm)表示。降水强度是指单位时间内的降水量，一般用 mm/min、mm/h 来表示。测量方法包括用雨量计直接测定方法以及用天气雷达、卫星云图估算降水的间接方法。直接观测方法需设定雨量站网，站网的布设必须有一定的空间密度，并规定统一的频次和传递资料的时间，有关要求根据预期的用途来决定。本部分重点介绍降水信息的直接监测方法。

3.9.1 降水监测要求

对于较小面积的标准地，一般将标准雨量筒(或雨量计)水平放在空旷的地上进行测定，也可用架在航道一侧林冠上面的雨量筒(或雨量计)测定。但在航道水文分析研究时，需要流域区间(较大面积)的平均降水量。为了测定流域的平均降水量，首先要根据流域面积大小，确定降水观测站的数量。在选择测点时，应充分考虑测点所在的海拔高度、坡向等地形条件。由于山区航道地形条件复杂，观测站点要适当增加。

(1)降水测点布设要求。航道降水量观测误差受风的影响最大，因此观测场地应避开强风区，其周围应空旷、平坦、不受突变地形、树木和建筑物的影响。当观测场地周边有建筑物、树木等障碍物时，雨量计与障碍物的距离应大于障碍物与雨量计高差的 2 倍；观测场地要相对平坦，不宜设在陡坡上、峡谷内和风口处，使承雨口至山顶的仰角不大于 30°。

(2)雨量计安装要求。雨量筒(雨量计)的承雨口必须保持水平，安装时必须用水平尺至少在两个方向上进行校核。自记雨量计的基座上均有调平气泡，安装时通过调整地脚螺钉，使气泡居中，并用水平尺检验承雨口是否水平。在使用一段时间后，需要检查基座上的气泡是否居中，同时用水平尺监测承雨口是否水平。

3.9.2 仪器类型

常用的雨量观测仪器有雨量筒、自记雨量计、虹吸式雨量计、翻斗式雨量计、压力式雨量计等类型。目前，翻斗式雨量计使用最为广泛，能够很好地应用在山区航道气象信息化监测系统中。如采用 JDZ02(05)-1 翻斗式雨量计，其物理结构如图 3-10 所示，承雨口采用国际标准口径(ϕ200mm)，计量组件为翻斗式机械双稳态秤机构，主要功能是将以毫米为计量的降雨深度转换为开关信号输出。雨水通过承雨口进入漏斗，汇集后经过滴嘴落入上方的斗室内。当雨量达到 0.1mm 时，翻斗翻转，将水倒入集水器。此时翻斗部件的下斗上升，成为上斗，不断重复上面的动作。在翻斗过程中，当翻斗部件翻到水平位置的时候，磁钢接近干簧管，干簧管中两个簧片被磁化，异极相吸、开关闭合、电路导通，产生脉冲信号，故输出信号实际就是干簧管式接点开关通断信号，每个开关量表示 0.5mm 的降雨量，实现降水信息的自动化监测。

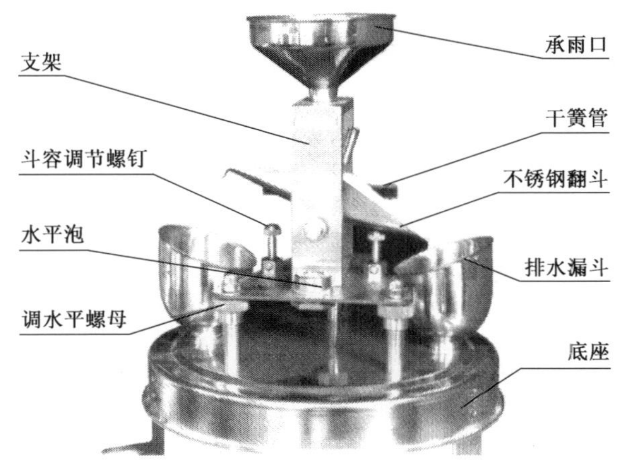

图 3-10　翻斗式雨量计结构图

3.10　天气现象信息监测

3.10.1　天气现象自动观测原理

天气现象是指发生在大气中、地面上的一些物理现象。包括降水现象、地面凝结现象、视程障碍现象、雷电现象和其他现象，这些现象都是在一定的天气下产生的。目前，国内天气现象的观测主要是通过人工目测完成，相比较自动观测而言，人工目测具有主观性强、观测次数少、无法全面连续反映天气变化等特点。国外对天气现象的自动观测研究较早，主要是通过光学原理，观测大气中降水现象。可以分为三大类：一是通过测量降水过程中降水粒子的光闪烁效应来判断降水类型；二是通过测量降水粒子的直径与下降速度来判断降水类型；三是通过温度、散射度、降雨量等多项传感器综合判断出降水类型。三种类型中，第二种性能最好。

3.10.2　传感器选型

目前，天气气象信息监测传感器较少。德国 OTT 公司生产的 HSC-OTT Parsivel EF 型雨雾滴谱仪应用效果较好。该传感器能检测包括无降水(能见度良好)，雾(雾、大雾、浓雾)，雨(毛毛雨、阵雨、小雨、中雨、大雨),雪(小雪、中雪、大雪、阵雪、雨夹雪、阵性雨夹雪、米雪),冰(冰粒、冰雹、霰),冻雨(弱、中度、强)在内的22种天气现象,同时雨雾滴谱仪还会自动监测降水量与降水强度。

传感器自动测量天气现象的核心部件是一对收发水平光束的激光传感器,工作原理如图3-11所示。当雨雾等粒子通过激光束时,激光接收器的输出电压发生变化,由此计算出通过激光束粒子的直径大小与下降速度。根据降水粒子直径与降水粒子的下降速度,计算降水滴谱、降水类型、降水动能以及降水强度。采用联合国世界气象组织(WMO)指定的通用标准代码SYNOP WaWa 4680,输出雨雾冰雪等天气现象。

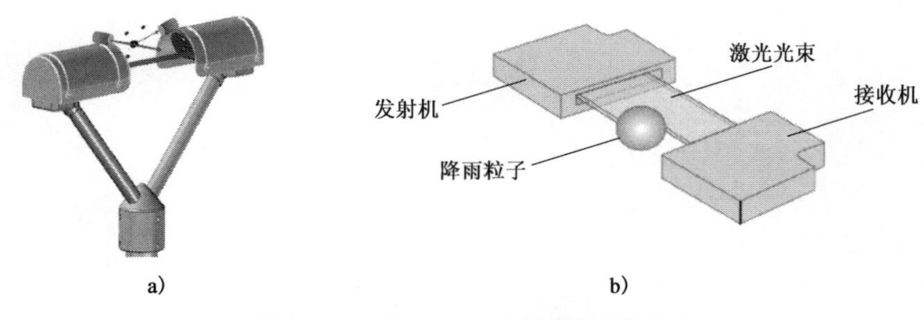

图3-11 OTT Parsivel EF 雨滴谱仪测量原理

a)实物图;b)测量原理

第4章 航道水文信息预测技术

4.1 引　言

我国西部山区内河航道，流域天然落差大，筑坝发电导致的渠化严重。受上游电站无规律下流非恒定流和流域暴雨汇聚等因素导致的下游航道水位骤涨、流速激增、流态复杂等典型水文问题，严重影响沿线通航条件，给运输船舶带来搁浅、触礁甚至被迫停航等安全隐患。包含水位、流速和流量等水文要素的水文模型是研究水文规律、认识水循环和水文过程的重要手段，也是解决航道水文预报、流域规划管理、水污染防治控制等实际问题的有效工具。

航道水文模型研究大约始于20世纪50年代，随着人们对下渗理论、土壤水运动理论和河道水力理论等认知的不断加深，以及将计算机引入水文学研究领域，水文模拟预测不再是针对某一个水文环节（如产流、汇流等）进行，而是开始把水文循环的整个过程作为一个完整的系统来研究。从水循环的动力学机制描述流域的水文问题，能够全面反映水文参数、变量和水文物理过程的空间异质性，可以更准确地描述流域内水文物理过程，有助于深入地了解水文循环在不同时空尺度上的演变规律和过程，使获取和处理流域的水文时空变化信息更加科学有效。

4.2 国内外河流水文模型简介

4.2.1 国外水文模型

国外对河流水文模型的开发和研究较早，已经将流体力学计算软件标准化和商品化，极大地提高了科研效率和研究水平。丹麦水利研究所的MIKE模拟系统，美国环保局的QUAL2K水流模型、DYNHDY5水动力模型，是应用较为广泛的水动力计算模型（模块）。

（1）丹麦MIKE模拟系统。丹麦水力研究所（DHI）开发的MIKE系列模拟系统是可用于河流、渠道及灌溉系统的一维水流模拟，该模拟系统主要包括：水动力学模型（HD）、对流扩散及黏性输沙模型、降雨径流模型（NAM）、单位线模型、洪水实时预报模型（FF）和地理信息系统等。

MIKE水动力学模型使用隐式差分法计算河流与河口非稳定流。该模型可描述次临界流和超临界流的运动状态。高版本的模型可包括水工建筑物的运行。该模型也可应用到封闭网络和模拟洪水河槽的二维水流方程。但在估算时，假设在垂直方向上是均相的。水动力学模型的基础是水量平衡连续方程：

$$\frac{\partial A}{\partial B} = -\frac{\partial Q}{\partial X} + b(R - E) + (q - q_b) \tag{4-1}$$

式中：q、q_b——侧向流入、流出的流量[$m^3/(s \cdot m)$]；

R、E——降雨量和蒸发量[$m^3/(s \cdot m^2)$]；

b——河床宽度(m)；

A——断面面积(m^2)。

在 MIKE11 的水力模块 HD Module 的菜单 A 中，首先要勾画河流的平面网络结构，各支流与主河道的结点坐标，各断面坐标、桩号等；菜单 A.6 是河道断面数据库。该数据库存有所选择的所有河道主支流断面数据，以确定河道断面的形状及位置，需要的参数有该断面在平面坐标系中的坐标，断面形状控制点的坐标，以及相对抗力系数(一般为 1)等；菜单 A.5 是河流与支流网络，在该菜单中需定义主支流结点连接桩号与空间步长等。这样，一条条支流就与干流连接成一个完整的河流体系。在该菜单中，同时还可定义河道中水工建筑物。普通版本模型可定义的水工建筑物只有宽顶堰，高版本的 HD Module 可加挂其他类型的水工建筑物；菜单 B 是边界条件与时间序列数据，时间序列数据库存有大量时间序列事件。这些事件是用作外部边界条件或内部控制点。时间序列事件是一系列水位、流量、降雨量、污染物浓度等随时间的变化量。菜单 B.5 用于确定边界条件，最常用的是水位和流量。

(2)QUAL2K 的水流模型。QUAL2K 水质模型是美国环保局(USEPA)在 QUAL2E 水质模型上的改进版。在水流模型方面，QUAL2K 水质模型假定河流污染物在横向和垂向完全混合，采用的是一维恒定流模拟河流的水流要素。

①流量平衡。在每一个计算流段中(图 4-1)，恒定流的流量平衡方程式为：

$$Q_i = Q_{i-1} + Q_{in,j} - Q_{ab,j} \tag{4-2}$$

式中：Q_i——从计算江段 i 进入计算江段 $i+1$ 的流量(m^3/d)；

Q_{i-1}——上游段 $i-1$ 的流量(m^3/d)；

$Q_{in,j}$——计算江段内点源和面源的流量和(m^3/d)；

$Q_{ab,j}$——计算河段内所有出流流量(m^3/d)。

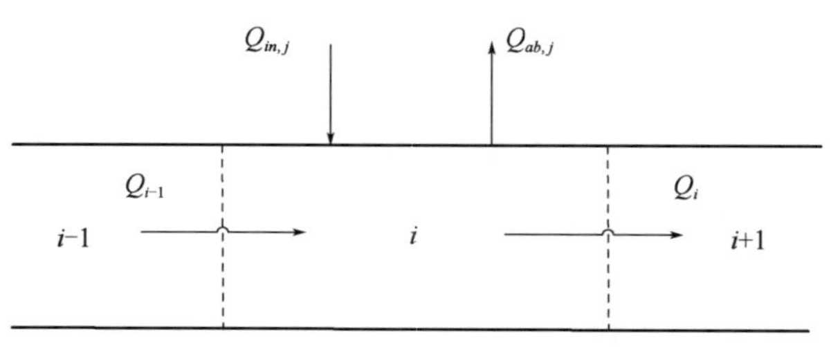

图 4-1　QUAL2K 水质模型河段流量平衡示意图

②水力特征。一旦计算河段的出流流量由计算得出，河道的水深和断面平均流速就可以根据河道的实际情况选择：堰流、水面线和曼宁公式三种不同的方法进行计算。限于篇幅的考虑，下面只介绍采用曼宁公式计算的方法。

每一计算河段都被理想化为梯形渠道，见图 4-2，在恒定流的条件下，流量与水深的关系用曼宁公式可表示为：

$$Q = \frac{S_0^{\frac{1}{2}}}{n} \frac{A_c^{\frac{5}{3}}}{P^{\frac{2}{3}}} \tag{4-3}$$

式中：Q——计算河段流量(m^3/d)；

S_0——河道坡度；

n——曼宁糙度系数；

A_c——河道横断面面积(m^2)；

P——湿周(m)。

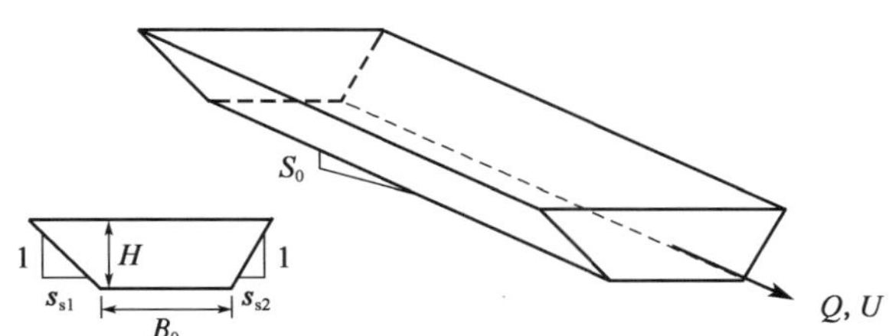

图4-2　QUAL2K水质模型河道概化示意图

河道的横断面面积可由下式计算：

$$A_c = [B_0 + 0.5(s_{s1} + s_{s2})H]H \tag{4-4}$$

式中：B_0——河道底部宽度(m)；

s_{s1}和s_{s2}——两岸坡度；

H——水深(m)。

湿周由下式得到：

$$P = B_0 + H\sqrt{s_{s1}^2 + 1} + H\sqrt{s_{s2}^2 + 1} \tag{4-5}$$

将式(4-3)和式(4-4)代入式(4-5)，并采用迭代计算的方法变形，式(4-5)变为：

$$H_{k+1} = \frac{(Q_n)^{\frac{3}{5}}\left(B_0 + H\sqrt{s_{s1}^2 + 1} + H\sqrt{s_{s2}^2 + 1}\right)^{\frac{2}{5}}}{S^{\frac{3}{10}}[B_0 + 0.5(s_{s1} + s_{s2})H]} \tag{4-6}$$

式中，$k = 0,1,2,\cdots,n$，n为迭代次数。估计误差ε_a的取值低于某一值的时候，计算停止。估计误差ε_a可用下式计算：

$$\varepsilon_a = \left|\frac{H_{k+1} - H_k}{H_{k+1}}\right| \times 100\% \tag{4-7}$$

在求水深H后，代入式(4-7)可得到河道横断面面积A_c，并由连续性方程计算出河道的流速U：

$$U = \frac{Q}{A_c} \tag{4-8}$$

同时，也可计算出河道的平均宽度B：

$$B = \frac{A_c}{H} \tag{4-9}$$

(3)WASP5水质模型中的水动力模型DYNHDY5。WASP5是由美国国家环保局开发的水质模型软件，由两个独立的程序：水动力模型程序和DYNHDY5和水质模型程序WASP5组成。

水动力模拟为水质模拟提供必要的水力参数,如流速、流量、水位等。

DYNHDY5 适用于一维的水力模拟,用于描述浅水系统中长波的传播。它假定流动是一维的;科林斯和其他加速度相对于流动方向可以忽略;渠道水深可变动而水面宽度可认为基本不变;波长远大于水深。

DYNHDY5 的基本方程为圣维南方程组,包括运动方程和连续性方程。

运动方程为:

$$\frac{\partial U}{\partial t} = -U\frac{\partial U}{\partial x} + a_{g,\lambda} + a_f + a_{w,\lambda} \tag{4-10}$$

连续性方程为:

$$\frac{\partial H}{\partial t} = -\frac{1}{B}\frac{\partial Q}{\partial x} \tag{4-11}$$

式中:x——沿渠道的距离(m);

t——时间(s);

U——沿渠道的流速(m/s);

λ——渠道方向;

$a_{g,\lambda}$——沿渠道方向的重力加速度(m/s^2);

a_f——阻力加速度(m/s^2);

$a_{w,\lambda}$——沿渠道方向风力加速度(m/s^2);

Q——流量(m^3/s);

B——宽度(m);

H——水面高度(m)。

DYNHDY5 对上述方程组采用有限差分法求解,把要计算的水体系统概化成计算网络,流速、水头等在离散的网格点上求解。DYNHDY5 使用“渠道-交汇”计算网格,每个交汇有体积。在每个时间步,利用运动方程在渠道上解出流速,利用连续性方程在交汇点上解出水头。此种网格能处理相当复杂的分支流和不规则岸线流,在很多的研究中有可接受的精度,如 WASP5 及其 DYNHDY5 被用于模拟美国内华达州的 Carson 河中的汞的输移和不确定性分析,以及用于模拟在 1 ~2 周的时间段内,湖泊富营养化水动力的微环境。但 DYNHDY5 不能处理分层流水体、小溪或有大底坡的河流。模型网格虽有很大的灵活性,但也有要注意的地方,如要排除动态边界条件、考虑监测点位置等等。

4.2.2 国内水文模型

我国在 20 世纪 80 年代中期引进了一些紊流模型和计算程序,经过多年的改进、发展和自主开发,已经完全掌握了水动力学数值模拟的原理和编程技术。水动力学数值模拟在水工水力学、河流动力学、环境水力学等领域逐渐成为一种有效的手段。

(1)三峡库区水流模型研究成果。

在三峡库区的流场、浓度场研究方面,我国相关领域的科研人员已经在 20 世纪 90 年代开展了大量的研究工作。例如:重庆市环境科学研究所在库区的局部江段(如库尾的重庆主城区江段)曾建立较为精细的一维和二维水流水质数学模型,模拟预测三峡工程对局部区域江段水流和水质的影响;武汉水利水电大学以库区支流香溪河为对象,建立一维水流水质数学模型,模拟预测三峡水库蓄水后支流水质状况;江春波等采用深度平均的紊流模型和适体坐标有限体积法对三峡库区涪陵江段的水流及其污染物分布进行了预测;洪益平等采用深度平均方程结合 k-ε 紊流模型模拟重庆交汇江段的流场和浓度场;陈永灿等针对长江水流几何边界复杂、地形多变、相应模拟河段水深流急的特点,建立了分层三维迎风有限元模型,对涪陵磷肥厂排污口附近的流场和污染物浓度场进行了数值模拟,李嘉等采用三维 k-ε 模型方程组,模拟了三峡水库坝前50km的流场、温度场和污染物浓度场。这些三峡库区水质影响预测研究成果总体上而言,整个库区水流水质预测模式相对比较简单,难以动态预测建库前后水流水质的时空变化趋势,局部江段精细模型模拟预测结果很难反映三峡工程对整个库区总体水质的影响。

为从整体上将三峡库区水流条件变化的水质的影响用更合理、有效、精确的模型加以模拟,我国的水环境研究工作者们进行了进一步的研究工作。李锦秀等在模拟分析三峡库区建成前后河道特征和水流条件变化趋势的基础上,研究了三峡库区建库前后纵向离散系数的变化特征,以及在水库不同运行水位下,库区纵向离散系数的变化规律;李锦秀、廖文根在研究三峡水库建成前后水流条件对 BOD_5 生化降解系数的影响时,建立了 BOD_5 生化降解系数与水流条件相关的经验公式,并计算了三峡水库建成前后水面线、水面宽度、断面平均流速的沿程变化。这些研究成果为建立更精确的、能够适用于整个三峡库区的水流水质模型奠定了基础。

(2)其他流域水流模型研究成果。

在其他流域,我国的水力研究人员采用传统的圣维南方程组或其改进式、浅水方程和对流扩散方程等基本方程,利用各种数值离散手段对水域的洪水演进、水沙的运动、水流水质的数值模拟进行了研究。如王双明等建立了具有连续急流弯道河流平面水流、泥沙数学模型,并采用有限差分法对方程进行离散求解;赖锡军等以渗流量作为连接条件,利用迭代法解决了河道水流与地下水流模型的耦合;程根伟结合流场与泥沙计算方法及河床形态调整技术,提出一个准三维河流动力学模型,模拟出不规则几何形态的河道断面流速分布及平面流场分布;赵旭升等采用多单元的水文学模型与河道水力学模型相结合的预报系统对海南万泉河流域的洪水演进过程进行了数值模拟。丁玲、逄勇等运用有限体积法及黎曼近似解理论框架下建立二维通量差分裂(FDS)格式水流水质耦合模型,应用FDS格式计算二维水流水质模型中各跨单元边界的数值通量,并以各种水环境问题在理想条件下的简化模型检验格式的计算精度,结合长江南通江段的实际水质问题论证了该格式的实际应用能力。说明FDS二阶格式能高精度地计算污染物间断排放引起的大浓度梯度或水质突跃情况。张华庆、金生采用有限元方法模拟了水槽单边突扩回流区的水流运动,模型中采用了高分辨率的TVD、ENO离散格式,通过引入与解的性质有关的限制因子Limiter,使计算格式既具有较高的离散精度同时又避免解的高频振荡,减少了人工耗能和计算中的平滑作用,获得了涡从边界上脱离、运移,并被主涡卷并的过程,掺混区流速分布变化规律和特点。赵克玉针对天然河道水流计算中,洪水漫滩时横向流速分布极不均匀,直接用一维非恒定流方程进行模拟会产生较大误差的不足,将横断面划分成若干个子断面,并将动量方程中的动量项取为各子断面动量之和,从而消除了横向流速分布不均匀的影响。槐文信、陈文学等采用Naot-Rodi代数应力模型(N-R模型),结合非均匀交错网格下的混合有限分析法(HFAM)来计算漫滩水流的三维流动,并作了两点改进:其一为非均匀网格中数值离散的导数项二阶格式的引入;其二为复式断面分块耦合技术的采用,得到稳定的收敛解,得到漫滩水流主流速等值线、二次流的断面分布、垂线平均流速的横向分布以及主槽与全断面流量比随相对水深的变化规律。

4.3 天然航道数值计算理论

山区内河段流场计算旨在了解渠化成库前后库区断面平均流速的演变情况和沿程变化趋势,获取断面平均流速、过水断面面积等水力参数及其成库前后的具体变化数值,进而从整体上掌握大坝运行对库区水流流态特征的影响程度,为评价山区内河航段的水环境状况、开发水质模型及提出相应的预防措施奠定基础。

4.3.1 一维恒定流计算

(1)基本方程。

由于天然河道底坡、糙率多变,河线曲直相间,各过水断面宽窄不一且极不规则,因此不采用水深表示的能量方程,而采用水位表示的能量方程,而且必须考虑除沿程水头损失外还有局部水头损失,即:

$$\frac{\mathrm{d}z}{\mathrm{d}s} + (\alpha + \xi)\frac{\mathrm{d}}{\mathrm{d}s}\left(\frac{v^2}{2g}\right) + \frac{Q^2}{K^2} = 0 \tag{4-12}$$

式中:$\frac{\mathrm{d}z}{\mathrm{d}s}$——水位沿程变化,为势能变化项,第二项中包括流速水头($\alpha = 1$)和局部水头损失的沿程变化,第三项为水力坡降。

局部水头损失(水流从断面1流至断面2):

$$\Delta h_{\mathrm{j}} = \xi\left(\frac{v_2^2}{2g} - \frac{v_1^2}{2g}\right) \tag{4-13}$$

逐渐扩散段$\xi = -0.33 \sim -0.55$;急剧扩散段$\xi = -0.5 \sim -1.0$;收缩段$\xi = 0$。

沿程水头损失:

$$\Delta h_{\mathrm{j}} = \left(\frac{Q^2}{K_1^2} + \frac{Q^2}{K_2^2}\right)\frac{\Delta s}{2} \tag{4-14}$$

将式(4-13)和式(4-14)代入式(4-12)得:

$$z_1 + (\alpha + \xi)\frac{v_1^2}{2g} - \frac{\Delta s}{2}\frac{Q^2}{K_1^2} = z_2 + (\alpha + \xi)\frac{v_2^2}{2g} - \frac{\Delta s}{2}\frac{Q^2}{K_2^2} \tag{4-15}$$

(2)天然河道水面曲线计算。

将式(4-15)改写为:

$$E_1 = E_2 \quad 或 \quad E_1 - E_2 = 0 \tag{4-16}$$

式中:

$$\begin{cases} E_1 = z_1 + (\alpha + \xi)\dfrac{v_1^2}{2g} - \dfrac{\Delta s}{2}\dfrac{Q^2}{K_1^2} \\ E_2 = z_2 + (\alpha + \xi)\dfrac{v_2^2}{2g} - \dfrac{\Delta s}{2}\dfrac{Q^2}{K_2^2} \end{cases} \tag{4-17}$$

分别代表上游断面与下游断面得能量函数。当流量 Q 及其他条件不变时，E_1 是 z_1 的函数、E_2 是 z_2 的函数。计算时，首先要根据河道地形及纵横剖面分成若干计算流断，使每个江段水力要素的平均值能够近似地反映实际水流情况，以保证计算的准确性。接着，要输入水位、断面参数及各段糙度，局部水头损失系数，因为断面水力要素是水位的函数，所以试算过程中必须建立各断面水位要素与水位的定量函数关系。

4.3.2　一维非恒定流计算

河、渠中过水断面水力要素随时间不断变化的流动称为非恒定流动，常见的明渠非恒定有河流中洪水波的演进，水电站引排水管渠、灌溉渠道等因流量改变而引起的流动，船闸的充放水过程，堤坝溃决产生的洪水，暴雨期间城市排水系统的流动等。计算的目的是为了正确地估计这些水力现象发生时的水力要素（如水位、流量、流速）的大小及变化情况。

（1）基本方程。

描述明渠一维渐变非恒定流动的基本方程式有连续方程和动量（运动）方程。

连续方程：

$$\frac{\partial Q}{\partial s} + \frac{\partial A}{\partial t} = 0 \tag{4-18}$$

动量方程：

$$\frac{1}{g}\left(\frac{\partial v}{\partial t} + v\frac{\partial v}{\partial s}\right) + \frac{\partial h}{\partial s} = i - J_f \tag{4-19}$$

以上两式没有考虑有侧向流入或流出。

式中：Q——流量（m^3/s）；

v——断面平均流速（m/s）；

h——水深（m）；

A——过流断面面积（m^2）；

i——渠底坡度；

J_f——沿程水头损失的坡降。

式(4-18)和式(4-19)并称为圣维南方程组，并且可以求解目的的不同变形成以不同的因变量的组合形式。

（2）方程组求解。

①特征线法。采用特征线法求解式(4-18)和式(4-19)时，先将基本方程组变换为沿特征线的常微分方程组，然后对常微分方程组结合边界条件和初始条件进行数值解。此法数学分析严谨，计算精度较高。

②直接差分法。直接差分法是用偏差商代替偏导数，把基本方程化为差分方程，求在自变量域 s-t 平面差分网格各节点的近似数值解法。

根据原始资料的情况、计算精度和稳定性的要求，选取距离步长 Δs 和时间步长 Δt，在 s-t 平面上构成差分网格，如图 4-3 所示。平行于 s 轴的直线表示时刻，平行于 t 轴的直线表示断面位置。因此 t 轴（$s=0$）代表非恒定流场的上边界断面，$s=N$ 的垂直线代表流场的下边界断面；s 轴代表起始时刻。

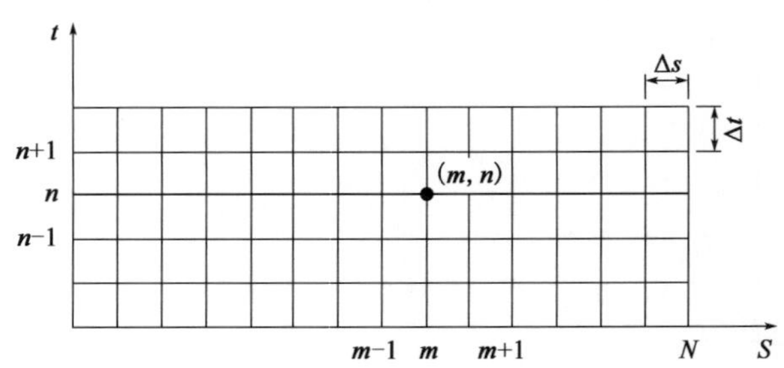

图 4-3　直接差分法网格示意图

根据初始条件，即 $t=0$ 时刻各节点已知的水力要素（流速、流量、水位、水深）及给定的上下边界条件，计算出 $t=\Delta t$ 时刻各节点的水力要素。在以此为初始条件，结合边界条件逐次往下计算，则可以求得所有节点的水力要素值。

由于采用不同的偏差商代替偏导数，基本方程可演变为多种形式的差分方程。显式差分方程往往是一组线性代数方程，而隐式差分方程往往是一组非线性代数方程，需用迭代法求解。

4.3.3　二维流场计算

二维水力学计算方法目前以非恒定流计算较为成熟，该法将恒定流问题的解看作是非恒定流动的稳态解，从而通过时间增量的迭代进行求解。

（1）基本方程。

水流连续方程：

$$\frac{\partial}{\partial x}(hu) + \frac{\partial}{\partial x}(hv) = 0 \tag{4-20}$$

水流运动方程：

$$u\frac{\partial u}{\partial x} + v\frac{\partial u}{\partial y} + g\frac{\partial}{\partial x}(z_0 + h) + g\frac{n^2 uw}{h^{\frac{4}{3}}} - v_t\left(\frac{\partial^2 u}{\partial x^2} + \frac{\partial^2 u}{\partial y^2}\right) = 0 \tag{4-21}$$

$$u\frac{\partial v}{\partial x} + v\frac{\partial v}{\partial y} + g\frac{\partial}{\partial y}(z_0 + h) + g\frac{n^2 uw}{h^{\frac{4}{3}}} - v_t\left(\frac{\partial^2 v}{\partial x^2} + \frac{\partial^2 v}{\partial y^2}\right) = 0 \tag{4-22}$$

式中：h——水深（m）；

w——垂线平均流速（m/s）；

u、v——垂线平均流速在 x、y 方向的分量；

z_0——床面高程（m）；

n——糙率；

v_t——紊动黏性系数。

(2)方程组解法。

①有限差分法。有限差分法是数值计算中最经典且最常用的方法。简单来说,是将求解域划分为差分网格,用有限各网格节点(即离散点)代替连续的求解域,然后将偏微分方程的导数用差商代替,推导出含有离散点上有限个未知数的差分方程组。求解差分方程组的解,就作为微分方程组定解问题的数值问题的近似解。它是一种直接将微分问题变为代数问题的近似数值解法。

②有限元法。有限元法是广泛应用于水力学计算的数值计算方法。它将一个连续的求解域任意分成适当形状(三角形或四边形)的许多微小单元,并于各小单元分片构造插值函数,然后根据极值原理,将控制微分方程化为控制所有单元的有限元方程,把总体的极值作为各单元极值之和,即将局部单元合成,形成嵌入了指定边界条件的代数方程组,求解该方程组就得到各节点上待求的函数值。

有限元法的基础是极值原理和剖分插值,它吸收了有限差分法中离散处理的内核,又采用了变分计算中选择逼近函数并对区域进行积分的合理方法,是两类方法相结合取长补短而进一步发展的结果。具有更广泛的适应性,特别适用于几何、物理条件比较复杂的问题。

4.4 一维速度场计算方法

4.4.1 圣维南方程组的基本方程

速度场计算模型基本方程采用一维圣维南方程组的基本方程:

连续方程

$$\frac{\partial A}{\partial t} + \frac{\partial Q}{\partial x} = q \tag{4-23}$$

动量方程

$$\frac{\partial Q}{\partial t} + \frac{\partial}{\partial x}\left(a \times \frac{Q^2}{A}\right) + gA\frac{\partial Z}{\partial x} + gAS_{\mathrm{f}} = qv_{分} \tag{4-24}$$

式中:A——过水断面的过水面积(m^2);

q——旁侧入流,若为出流,$q<0$;

Q——流量(m^3/s);

Z——水位(m);

g——$g=9.8\mathrm{m/s}^2$。

a——动量校正系统,等于单位时间内,河道水流通过过水断面的滩地和主槽部分的总动量与断面平均动量的比值($a=1.0$),反映断面流速分布的不均匀性,即水流的滩地流速远小于主槽流速,表现在滩地对输送流量的影响程度;

S_{f}——摩阻比降,用流量模数 K 和曼宁公示(或谢才系数 C)计算。

$$K = CA\sqrt{R} \tag{4-25}$$

$$S_f = \frac{Q^2}{K^2} = \frac{Q^2}{C^2A^2R} = \frac{Q^2L}{C^3A^3} \tag{4-26}$$

式中：L——湿周(m)。

由于旁侧入流 q 的动量沿干流流向的分量相对较小，常忽略不计，即 $qv_{分} \sim 0$。

4.4.2 基本方程组的简化

式(4-23)和式(4-24)全面考虑了计算江段的旁侧入流流量(包括集中入流和单位长度入流量)和支流流量在沿干流流向方向上的动量分量，但这给方程组的求解造成了困难。因此，适当简化方程组降低下一步计算的难度。

为便于计算，可采用如下基本假设：

(1)计算江段在一定距离处和支流汇合处分段，江段内为恒定流。

(2)在非支流汇入处，旁侧入流量 $q=0$。

(3)支流流量沿干流流向方向动量可忽略不计，即 $Q_{支}v_{分} \sim 0$。

(4)动量校正系数取为1.0。

则方程组简化为：

连续方程

$$Q = Av \tag{4-27}$$

动量方程

$$Q^2\frac{\partial}{\partial x}\frac{1}{A} + gA\frac{\partial Z}{\partial x} + gAS_f = 0 \tag{4-28}$$

式中：v——断面平均流速；

其余符号意义同前。

4.4.3 方程组求解

(1)方程组变换。

根据连续方程，将式(4-27)，代入式(4-28)得：

$$Q^2\frac{\partial}{\partial x}\left(\frac{v}{Q}\right) + g\frac{Q}{v}\frac{\partial Z}{\partial x} + g\frac{Q}{v}S_f = 0 \tag{4-29}$$

化简得：

$$\frac{\partial v}{\partial x} + \frac{g}{v}\frac{\partial Z}{\partial x} + \frac{g}{v}S_f = 0 \tag{4-30}$$

$$\Theta A = \beta BH$$

式中：B——水面宽度(m)；

H——断面平均水深(m)；

β——断面形状系数，取值1.0。

又

$$\Theta H = Z - Z_0$$

式中：Z——水面高程；

Z_0——河床高程。

则

$$A = \beta B(Z_0 - Z)$$

$$Z = Z_0 + \frac{A}{\beta B} \tag{4-31}$$

式(4-31)两边对 x 求偏导得：

$$\frac{\partial Z}{\partial x} = \frac{\partial Z_0}{\partial x} + \frac{\partial}{\partial x}\left(\frac{A}{\beta B}\right) = I + \frac{1}{\beta B}\frac{\partial A}{\partial x} - \frac{A}{\beta B^2}\frac{\partial B}{\partial x} \tag{4-32}$$

其中，$I = \frac{\partial Z_0}{\partial x}$，为河底坡度。

将式(4-32)代入式(4-30)中，得：

$$\frac{\partial v}{\partial x} + \frac{g}{v}\left(I + \frac{1}{\beta B}\frac{\partial A}{\partial x} - \frac{A}{\beta B^2}\frac{\partial B}{\partial x}\right) + \frac{g}{v}S_{\mathrm{f}} = 0 \tag{4-33}$$

将 $A = Q/v$ 代入得：

$$\frac{\partial v}{\partial x} + \frac{g}{v}\left(I + \frac{1}{\beta B}\frac{\partial}{\partial x}\frac{Q}{v} - \frac{Q}{\beta v B^2}\frac{\partial B}{\partial x}\right) + \frac{g}{v}S_{\mathrm{f}} = 0 \tag{4-34}$$

由于$\frac{\partial}{\partial x}\left(\frac{1}{v}\right) = -\frac{1}{v^2}\frac{\partial A}{\partial x}$，式(4-34)变为：

$$\frac{\partial v}{\partial x} + \frac{g}{v}\left(I - \frac{Q}{\beta v^2 B}\frac{\partial v}{\partial x} - \frac{Q}{\beta v B^2}\frac{\partial B}{\partial x}\right) + \frac{g}{v}S_{\mathrm{f}} = 0 \tag{4-35}$$

整理得：

$$\left(1 - \frac{gQ}{\beta v^2 B}\right)\frac{\partial v}{\partial x} - \frac{gQ}{\beta v^2 B^2}\frac{\partial B}{\partial x} + \frac{g}{v}(S_{\mathrm{f}} + I) = 0 \tag{4-36}$$

将摩阻比降 $S_{\mathrm{f}} = \frac{Q^2 L}{C^2 A^3} = \frac{L v^3}{C^2 Q}$ 代入，得：

$$\left(1 - \frac{gQ}{\beta v^3 B}\right)\frac{\partial v}{\partial x} - \frac{gQ}{\beta v^2 B^2}\frac{\partial B}{\partial x} + \frac{g}{v}\left(\frac{v^3 L}{C^2 Q} + I\right) = 0 \tag{4-37}$$

(2)方程组离散。

采用隐式差分格式求解式(4-37)。将$\frac{\partial v}{\partial x}$和$\frac{\partial B}{\partial x}$用前差分方程表达为：

$$\frac{\partial v}{\partial x} = \frac{v_i - v_{i-1}}{\Delta x_i}$$

$$\frac{\partial B}{\partial x} = \frac{B_{i+1} - B_i}{\Delta x_i}$$

代入式(4-37)得：

$$\left(1 - \frac{gQ}{\beta v^3 B}\right)\left(\frac{v_i - v_{i-1}}{\Delta x_i}\right) - \frac{gQ}{\beta v^2 B^2}\left(\frac{B_{i+1} - B_i}{\Delta x_i}\right) + \frac{g}{v}\left(\frac{v^3 L}{C^2 Q} + I\right) = 0 \tag{4-38}$$

将式(4-38)离散化得：

$$\left(1 - \frac{gQ_i}{\beta_i v_{i-1}^3 B_i}\right)\left(\frac{v_i - v_{i-1}}{\Delta x_i}\right) - \frac{gQ_i}{\beta_i v_{i-1}^2 B_i^2}\left(\frac{B_{i+1} - B_i}{\Delta x_i}\right) + \frac{g}{v_{i-1}}\left(\frac{v_{i-1}^3 L_i}{C_i^2 Q_i} + I_i\right) = 0 \tag{4-39}$$

(3)离散方程的计算。

将式(4-39)移项、整理得:

$$v_i = v_{i+1} + \frac{\frac{gQ_i}{v_{i-1}^2 B_i^2}\frac{B_{i+1}-B_i}{\Delta x_i} - \frac{gn^2 v_{i-1}^{\frac{7}{3}} L_i^{\frac{4}{3}}}{Q_i^{\frac{4}{3}}} - \frac{gI_i}{v_{i-1}}}{1-\frac{gQ_i}{v_{i-1}^3 B_i}}\Delta x_i \tag{4-40}$$

为保证计算稳定性,除了差分格式$\frac{B_{i+1}-B_i}{\Delta x_i}$中的 B_i 外,将式中其余各处的 B_i 用 $B_i = \sqrt{B_i \cdot B_{i+1}}$ 或 $B_i = \frac{B_i + B_{i+1}}{2}$ 代替。经对两种代换格式的试算比较,用 $B_i = \sqrt{B_i B_{i+1}}$ 代换 B_i 具有更好的计算稳定性。因此,采用 $B_i = \sqrt{B_i B_{i+1}}$ 代入式(4-40)得:

$$v_i = v_{i+1} + \frac{\frac{gQ_i}{v_{i-1}^2 B_i B_{i+1}}\frac{B_{i+1}-B_i}{\Delta x_i} - \frac{gn^2 v_{i-1}^{\frac{7}{3}} L_i^{\frac{4}{3}}}{Q_i^{\frac{4}{3}}} - \frac{gI_i}{v_{i-1}}}{1-\frac{gQ_i}{v_{i-1}^3 \sqrt{B_i B_{i+1}}}}\Delta x_i \tag{4-41}$$

求解式(4-41)所需基本数据:

①B_i、B_{i+1}:由数值化河道断面地形图计算得到。

②Q_i:干、支流流量(不同水期)。

③I_i:坡度。

④C_i:谢才系数,采用曼宁公式 $C = \frac{1}{n}R^{\frac{1}{6}} = \frac{1}{n}\left(\frac{A}{L}\right)^{\frac{1}{6}}$,$n$ 为河底糙率。

⑤L_i:湿周(近似取为河宽与两倍平均水深之和)。

⑥β_i:断面形状系数,一般取值为 1.0。

⑦Δx_i:根据河道地形图精度取值。

4.5 断面垂线平均流速计算

4.5.1 断面垂线平均流速的定义

断面垂线平均流速横向分布函数计算的目的在于确定断面垂线平均流速横向分布函数的形式和函数中的参数,从而反映垂线平均流速在水面宽度方向上的分布情况。断面垂线平均流速 v_{ave} 是在河道横断面上垂直于水面线的某直线各点的水流速度平均值,如图 4-4 所示。

断面垂线平均流速横向分布函数 $v = v(x)$ 是指断面垂线平均流速沿水面宽度方向上与该垂线与水面线交点距岸边距离 x 的关系,如图 4-5 所示。

4.5.2 断面垂线平均流速分布计算方法

采用断面垂线流速与水深耦合的计算方法,假设断面垂线流速横向分布服从幂函数。忽略水面比降、岸坡阻力等次要因素对断面垂线流速横向分布的影响，与河道地形和水深有机地结合，来反映河道地形这一主要因素对断面垂线流速横向分布的影响，该方法具有便于计算和程序化的特点，能够满足航道内水环境管理和规划的要求。

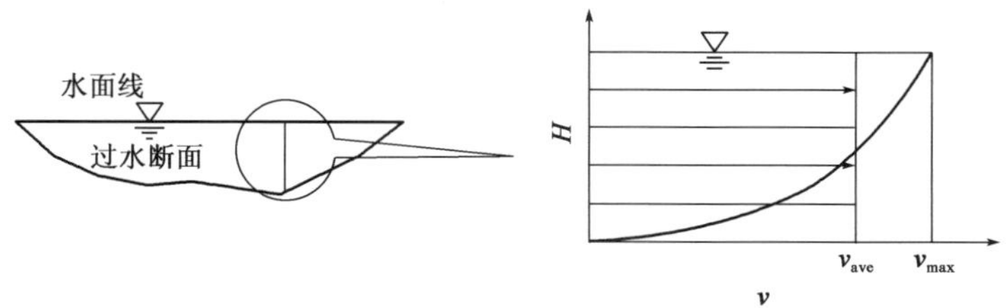

图4-4　断面垂线平均流速示意图

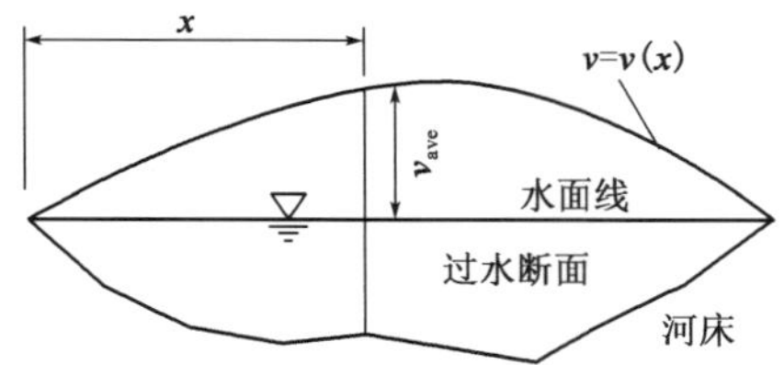

图4-5　断面垂线平均流速横向分布函数

(1)河床横断面地形简化。

断面垂线平均流速分布的计算是以断面河床横断面地形为基础的，各个断面河床横断面地形简化示意图如图4-6所示。

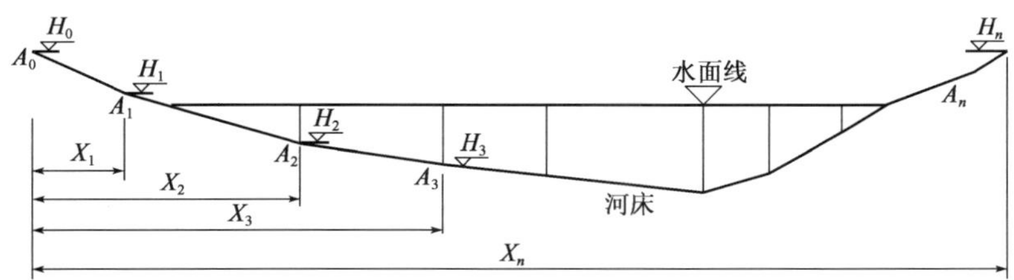

图4-6　河床断面简化示意图

河床横断面以左岸A_0为起点，每隔一定距离给出一个参考点A_1、A_2、A_3、…、A_n的绝对高程H_1、H_2、H_3、…、H_n和该参考距起点A_0的水平距离X_1、X_2、X_3、…、X_n，每个河床横断面地形由25～60个参考点确定下来。

(2)断面垂线平均流速分布假设。

考察天然河道某一水流断面，无论断面形态是呈简单的抛物线形状，还是呈不规则几何形状，其沿河宽的垂线水深和垂线平均流速通常是协调变化的，河道大断面形状与垂线平均流速横向分布具有十分相似的几何形态特征，分析这种几何相似性，可以建立垂线水深与垂线平均流速之间的直接联系。

目前，水力学理论中还无一种通用的理论或经验公式描述明渠和天然河道断面的垂线平均流速分布。影响断面的垂线平均流速分布的因素很多，如水流流态、水深、河势、断面变化等，特别是它们的综合影响，无法同时反映在一种流速分布公式中，但为了更好地对航道断面垂线平均流速分布的计算，本节通过如下假设简化计算过程：

①断面垂线平均流速的最大值出现在该断面的水深的最大垂线处。

②水面某点的垂线平均流速与该点的水深和断面最大垂线平均流速存在函数关系，函数形式为：

$$v_{ave} = \frac{v_{max}}{(H_{max}/H)^{K_2}} \tag{4-42}$$

式中：v_{ave}——某点垂线平均流速(m/s)；

v_{max}——断面最大垂线平均流速(m/s)；

H——参考点处水深(m)；

H_{max}——断面最大水深(m)；

K_2——指数关系参数。

③断面垂线平均流速分布函数为幂函数，函数形式为：

$$v(x) = \begin{cases} ax^b, & 0 < x < x_0 \\ c\,(B - x)^d, & x_0 < x < B \end{cases} \tag{4-43}$$

式中：a、b、c、d——待定系数；

x_0——最大水深处距断面左岸起点的距离(m)；

B——水面宽度(m)；

$v(x)$——距左岸 x 距离处的断面垂线平均流速(m/s)。

4.5.3 断面垂线平均流速分布计算方法

为确定断面的垂线平均流速分布函数，即需要求出各个断面的 a、b、c、d 值，以及 B、x_0，就可得出断面的垂线平均流速分布函数。

(1)断面 B 和 x_0 值的计算。

断面的水面宽度 B 值完全可以利用一维流场计算中的水面宽度计算结果。x_0 为最大水深处距断面左岸起点的距离。x_0 的计算也是以河床地形图为基础，通过程序(VB 编程)找出高程最低的断面参考点 A_i，该点距左岸起点的距离 x_i 就是该断面的 x_0 值。

(2)断面最大垂线平均流速的计算。

根据断面最大垂线平均流速 v_{max} 出现在断面水深最大处的假设，x_0 处的垂线平均流速就是断面最大垂线平均流速 v_{max}，如式(4-44)所示。实际计算中可采用比例系数法，即断面最大垂线平均流速等于比例系数 K_1 与断面平均流速的乘积。断面平均流速已在一维流场的计算中得出，需要进一步确定比例系数 K_1。比例系数 K_1 需要在航道断面不同位置的实测流速中参与计算。

$$v_{max} = K_1 \times v_{平} \tag{4-44}$$

(3)断面参考点垂线平均流速计算。

通过不同水期的水面高程和坡降，可以确定各个断面 x_0 处的水深即该断面的最大水深 H_{max}，同时也可计算出各个参考点的水深 H，为确定参考点的垂线平均流速 v，需要确定 K_2 值。实际计算中，可利用断面不同起点距不同水深的实测流速为基础，通过采用幂函数拟合的方

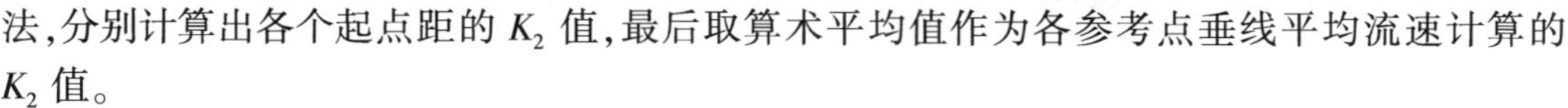

法,分别计算出各个起点距的 K_2 值,最后取算术平均值作为各参考点垂线平均流速计算的 K_2 值。

$$v_{ave} = \frac{v_{max}}{(H_{max}/H)^{K_2}} \tag{4-45}$$

(4)拟合求解参数 a、b、c、d。

通过上述计算,已经得到各个断面各参考点的垂线平均流速 v_{ave},再与各参考点的起点距 x 联立作为拟合数据点,将式(4-45)线性化后,通过线性拟合得出各个断面垂线平均流速函数的其余参数 a、b、c、d,进而确定唯一的断面垂线平均流速分布函数。

4.6　预测航段监测数据要求

为实现对山区内河航段的水文预测要求,需要重点考虑以下信息的采集:

(1)降雨量。对预测航段有影响的汇流区域的降雨量实时数据,考虑到山区地形的复杂性,建议采用网状布置。可考虑充分利用已有的气象站,采集长期降雨信息并以每小时更新的速度与预测系统联网。在无法满足的情况下,可考虑自建以降雨量为主的水文气象站,可与水位测站统一,以每小时更新的速度与预测系统联网。

(2)河流、流域地形信息。包括预测航段的汇流面积、植被情况、河流水下地形、岸坡形态、岸坡植被等。

(3)主要边界信息。包括大坝、支流水闸、水库、沿线取水和排水等。

(4)监测站。考虑采用固定站和临时站相结合的方式新建若干水文气象监测站,实现对包括断面流速、流向、水位等要素的精确监测。要求水位精度至少到 1cm,流量精度至少到 1‰。监测站的布设应覆盖水坝、支流、汇流、转弯段等水文要素剧烈变化段。

第 5 章　水上交通视频监控技术

5.1　引　　言

视频监控是指通过摄像机采集和记录被监控对象的视频数据，并实现视频的显示、查找、回放等功能。相对于传统的人工肉眼监控，视频监控具有连续工作、多角度观察、远程观察、留存记录等突出优点。在水上交通监控领域，视频监控技术正发挥着不可替代的重要作用。

最早的视频监控系统可追溯至 20 世纪 60 年代的模拟闭路电视系统（Closed-Circuit Television，CCTV），当时的摄像机为黑白摄像机，视频的采集、传输、存储均采用模拟信号。20 世纪 90 年代，随着数字视频录像机（Digital Video Recorder，DVR）的出现，第二代视频监控系统能够将模拟视频信号转化为数字信号，存储到计算机硬盘、USB 闪存等数字存储设备上，进而在显示器或大屏幕上播放，视频的查找、存储和显示等功能使用起来更加灵活方便。进入 21 世纪，随着数字相机、宽带网络的普及以及计算机计算能力和存储能力的大幅提高，视频监控全面进入数字化和网络化时代。传统的视频监控系统拍摄的视频数据需要人工处理分析，近年来，随着人工智能热潮的兴起，智能视觉识别技术快速发展，与视频监控系统深度融合，视频监控正大步向智能化时代迈进。

目前，我国已经建成世界上最大的视频监控网络，银行、车站、公路、学校、林场、仓库、停车场、住宅区等场所普遍安装了视频监控设备，在治安管理、案件侦查、火灾预警、人数统计、交通执法等领域发挥着巨大作用。

在内河水上交通监控领域，视频监控有着广泛的应用场景，包括船舶超载检测、船舶流量统计、非法作业监测、沿线地质灾害监测、航道漂浮物监测、船舶身份识别等。水上视频监控系统对保障水上交通安全、提高水上交通监管效率、消除水上交通监管盲区等具有重大意义。随着人工智能和计算机视觉技术的蓬勃发展，水上视频监控也正加速进入智能化时代，向着识别更准确、反应更迅速、功能更丰富的方向发展。

5.2　视频监控系统基础

当前，水上视频监控系统已基本实现网络化，典型的视频监控系统硬件组成主要包括图像传感器、镜头、云台、网络子系统、存储子系统、显示设备等，软件组成包括图像采集控制、图像预处理、图像压缩等。对于智能视频监控系统，还包括智能计算硬件和智能识别软件。视频监控系统组成如图 5-1 所示。

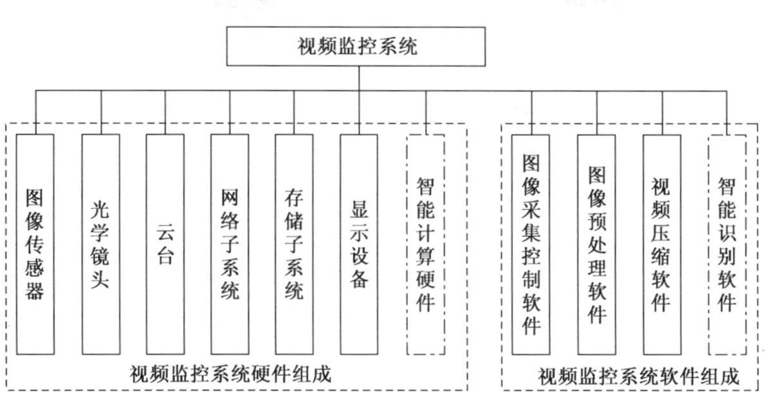

图 5-1　视频监控系统组成

5.2.1　视频监控系统硬件组成

5.2.1.1　图像传感器

图像传感器(图 5-2)是监控摄像机的核心组成部分。根据感光元件的不同,可分为电荷耦合元件(Charge Coupled Device,CCD)和金属氧化物半导体元件(Complementary Metal-Oxide Semiconductor,CMOS)两大类。

图 5-2　图像传感器

在相同面积下,CCD 的感光区域要大于 CMOS,因此 CCD 传感器成像具有通透性好、明锐度好,色彩还原、曝光准确等优点,而 CMOS 成像画质一般通透性相对较差,对实物的色彩还原能力偏弱。CMOS 传感器的优点主要表现在生产成本和功耗。

CMOS 传感器采用一般半导体电路最常用的 CMOS 工艺,将周边电路集成到传感器芯片中较为容易,可以降低外围芯片的生产成本。此外,CCD 采用电荷传递的方式传送数据,一个像元的损坏会导致一行数据无法传送。因此 CCD 传感器的良品率通常低于 CMOS 传感器,最终导致 CCD 传感器的成本会高于 CMOS 传感器。CMOS 传感器的图像采集方式为主动式,感光二极管所产生的电荷直接由晶体管放大输出,但 CCD 传感器为被动式采集,需外施加更高的电压让每个像素中的电荷移动,更高的驱动电压使 CCD 功耗明显高于 CMOS 传感器。

近年来,随着技术的不断改良,CMOS 和 CCD 在成像质量上不断接近,一般应用不存在显著差异,但由于在生产和功耗控制上的优势,CMOS 已经成为监控摄像机图像传感器的主流。

在视频监控领域,图像传感器的关键参数有像素数目、传感器尺寸和最低照度。像素数目决定了输出的最大图像尺寸,常见的像素数目在 130 万 ~ 800 万之间,其中 800 万像素对应 4K 视频(4096 × 2160),200 万像素对应 1080P 视频(1920 × 1080)。像素数目与视频监控系统的细节成像能力密切相关,在对图像分辨率要求较高的场合,例如远距离识别船号、船舶超载监测等,必须选用具有高像素数目的摄像机。

在像素数目相同时,传感器尺寸决定了像元尺寸。像元是基本成像单位,像元尺寸越大,图像传感器感光能力越强,抗噪能力越高,成像质量越好。

最低照度是评价图像传感器感光能力的一个指标,反映了图像传感器能够在多暗的场景下成像,单位是勒克斯(lx)。目前先进的夜用监控相机的最低照度在彩色工作模式下可达到0.0004lx。

5.2.1.2 光学镜头

光学镜头是监控摄像机的另一个核心组成部分,直接影响监控视频的图像质量和视场范围。光学镜头的核心参数包括焦距、最大光圈和像面尺寸。

焦距决定了成像的视场范围,短焦段镜头具有更好的广角成像能力,长焦段镜头具有更好的望远能力。根据焦距是否可变,镜头又可分为定焦镜头和变焦镜头。变焦镜头可通过改变焦距,调整监控摄像机拍摄范围的远近。在同等价位上,定焦镜头拥有更好的成像质量,例如畸变、色散控制更好。在实际应用中,需要根据具体的监控场景选择合适的焦距。总体上,近距离大视角监控选择短焦镜头,远距离重点区域监控选择长焦镜头。

最大光圈决定了单位时间内进入相机光线的多少。最大光圈越大,相同明暗条件下相机所需曝光时间越短,有利于减轻因相机抖动带来的成像模糊;而在相同曝光时间下,最大光圈越大,相机适应昏暗环境的能力越强。

镜头的像面尺寸应与图像传感器尺寸相匹配,像面尺寸应不小于图像传感器尺寸,否则图像中会出现四周昏暗发黑的现象。在镜头接口方面,监控镜头一般选用体积较为小巧的C口和CS口镜头。监控镜头如图5-3所示。

图5-3 监控镜头

5.2.1.3 云台

云台是监控摄像机的支撑平台,分为固定式和电动式。固定式云台限定了监控摄像机的拍摄角度,适用于小范围定点监控,在安装调试时就需确定好角度。电动式云台可通过遥控控制云台的左右和上下旋转,提高单台监控摄像机的监控范围。选择云台时要考虑云台的承载重量、旋转速度、旋转范围、是否具有防抖能力等因素。

5.2.1.4 网络子系统

网络视频监控系统的网络设备包括摄像机中的有线或无线网络模块、交换机、路由器、局域或广域网等。其中,无线网络视频监控具有安装灵活、拓展性好、不受地理因素限制等突出优点。对于山区内河航道,受地形和地质影响,航道沿线往往存在布线施工难度大甚至无法布线的情况,选择无线网络方案能够大幅缩短安装工期,并且具有更好的可维护性。随着5G无线通信技术的快速发展,无线网络视频监控的稳定性、安全性和传输速度将得到进一步提升。

5.2.1.5　存储子系统

网络视频监控系统的存储子系统主要有IP-SAN、CVR、NVR等方式。

IP-SAN (IP Storage Area Network),即IP存储局域网络,基于十分成熟的以太网技术,技术简单,是广泛应用的通用存储方案。CVR(Central Video Recorder)即中心级视频网络存储设备,是一种监控视频专用存储技术。CVR由标准的IP-SAN网络存储设备,结合视频监控应用发展而来,通过去掉中间的服务器,直接把各种视频监控软件模块安装到IP-SAN网络存储设备上形成了CVR。NVR(Network Video Recorder)即网络视频录像机,采用嵌入式一体机,内嵌软件平台,与网络摄像机协调工作,负责网络视频监控系统的存储转发。CVR定位于高性能平台,适用海量视频数据存储与管理。NVR定位于低成本解决方案,数据存取性能较低,不适合大型或重要的视频监控系统使用。

5.2.1.6　显示设备

视频监控系统的显示设备在监控中心内通常采用多个液晶显示器拼接的大屏,具有分屏显示、拼接显示、组合显示等多种显示模式。在户外布置的显示设备通常采用具有良好的抗风和防水能力的LED大屏。选型时除尺寸外,还需考虑屏幕亮度、响应时间、色域大小等参数。水上交通视频监控显示大屏示例,如图5-4所示。

图5-4　水上交通视频监控显示大屏

5.2.1.7　智能计算硬件

智能监控摄像机在前端集成了图像智能识别功能,例如行人检测、字符识别等,前端的这些功能需要智能计算硬件支持。目前,以深度学习为代表的人工智能算法计算量巨大,CPU在架构上并不适应大规模并行计算,因此通常采用GPU、FPGA等适合并行计算的通用芯片来实现加速。研发定制芯片(ASIC)是另一种计算加速解决方案,然而其存在开发成本高和周期长的问题,通常只在产品能够大规模量产时采用。图5-5展示了Google、华为和Nvidia推出的人工智能芯片。

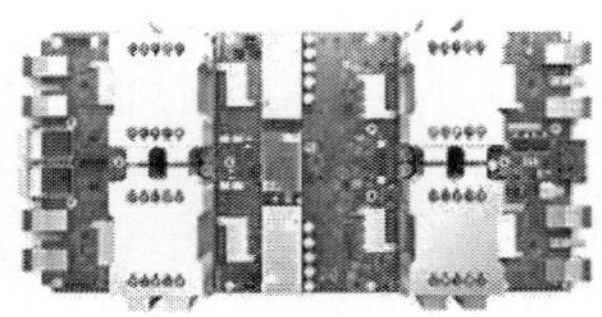

图 5-5　人工智能芯片

5.2.2　视频监控系统软件组成

5.2.2.1　图像采集控制软件

监控摄像机需要通过调节画面质量、视频帧速、拍摄角度等来适应实际应用场景的变化，图像采集控制软件的作用就是远程调整与视频拍摄相关的各项参数。这些参数包括帧率、画面尺寸、曝光时间、增益、饱和度、白平衡、镜头焦距、云台旋转角度、对焦距离等。

5.2.2.2　图像预处理软件

图像预处理是视频在压缩和传输前的重要环节，主要目的是提高视频画面质量。图像预处理的基本操作包括自动对比度、自动白平衡、自动亮度调节、高动态范围成像等，更复杂的操作包括畸变校正、图像去噪、图像锐化、图像去雾等。

对比度是指图像中最亮区域与最暗区域的比值。对比度过高导致图像暗区过暗，亮区过曝，颜色失真，图像细节大量丢失；对比度过低会导致画面发灰，目标与背景差异不明显。自动对比度通过调整图像直方图等方式使图像亮区和暗区亮度处在合理区间，便于人眼观察。

自动白平衡是通过调整彩色图像的蓝绿红三通道，消除图像的偏色，使图像颜色更符合人眼的感受。

自动亮度调节是指通过调整图像亮度适应环境光照变化，避免画面过暗或过亮。自动亮度调节可与硬件控制中的曝光时间控制、光圈调节结合使用，起到最佳调节效果。

高动态范围成像（High Dynamic Range Imaging，HDR）是在明暗反差极大的场景下保证明暗部分都能正常成像的一种技术。一般数字图像只能表现 256 种亮度，而真实场景下明暗对比可达数万倍，因此对高反差场景成像时，不可避免地会出现亮区过曝或者暗区过黑无法辨识的现象。为解决这一问题，高动态范围成像技术对同一场景采用不同曝光参数进行多次拍摄，使最暗到最亮的部分都能在其中的某次拍摄中得到准确曝光，最后将多张图像进行合成，使暗区和亮区细节在一张图像中都能清晰显示。

广角镜头一般会产生明显的桶形畸变，长焦镜头会产生枕形畸变，导致视频中物体形状失真。自动畸变校正是指根据镜头、相机参数以及相机成像模型，对图像像素坐标进行变换，消除图像畸变，使视频中物体形状更加真实。

受电气信号干扰、图像传感器像元个体的感光性能差异以及彩色图像插值等影响，监控摄像机拍摄的图像中不可避免地会含有大量噪声，导致图像清晰度下降，给目标辨识带来困难。图像去噪是计算机视觉中的基本任务，难点在于如何在去除噪声的同时保留图像中的有用细节。常用的去噪方法有基于统计的中值滤波方法、基于形态学的滤波方法、基于小波的方法、基于偏微分方程的方法等等。

图像锐化是指通过增强物体的边缘、轮廓、纹理细节等使模糊的图像变得更清晰。图像锐化的常用算法一类是通过 Canny 算子、Sobel 算子、Laplcian 算子等提取图像中的边缘等高频成分，再叠加到原图上；另一类是通过低频滤波去除图像细节，再用原图相减，间接获取图像高频成分。其他方法还有基于偏微分方程的各向异性扩散、基于深度学习的图像超分辨率重建，此类方法由于计算量过大，很难应用到对实时性要求较高的视频监控图像预处理中。

在山区内河航道上，雾气是常见的天气现象，图像去雾是水上视频监控中非常实用的功能。常用的图像去雾方法有两种，一种是综合运用多种图像预处理方法，例如直方图调整、图像锐化、白平衡调整等方法改善图像质量，增强图像细节，达到去雾的视觉效果；另一种是根据大气散射机理，建立雾天图像退化模型，用于描述雾气对摄像机成像质量的影响，然而通过该模型求解出复原的去雾图像。

5.2.2.3　视频压缩软件

视频由连续拍摄的单帧图像组成，相邻的图像帧之间会存在很多相同的内容，单帧图像中也存在均匀一致的区域，这表明原始的视频文件中存在大量冗余数据。视频压缩是在保持一定等级画质的条件下，去除视频中冗余数据，减小视频文件大小的技术。在视频监控中，过大的视频文件将对视频存储和传输系统带来巨大压力。在山区内河视频监控中，数据传输流量成本是系统日常使用中的主要成本之一。因此，视频压缩对于降低视频监控系统的建设和使用成本，进而促进视频监控系统的推广应用十分重要。

目前，视频监控领域常用的视频压缩标准有 MJPEG、H.264 和 H.265。

(1) MJPEG

MJPEG 即 Motion JPEG，是一种基于静态图像压缩技术 JPEG 发展起来的视频压缩技术，可以生成序列化的运动图像。该项技术将视频中的各个帧图像作为 JPEG 图像独立压缩，而忽略视频流中不同帧之间的变化。MJPEG 压缩技术可以保留视频图像的高清晰度，并可自由设置压缩帧数。由于没有采用帧间压缩方式，因此压缩效率较低，压缩倍数通常为 20:1 ~ 50:1。而不采用帧间压缩带来的优势是文件解析容易，便于编辑。

(2) H.264

H.264 是继 MPEG-4 之后的新一代数字视频压缩格式，在 2003 年由国际标准化组织(ISO)和国际电信联盟(ITU)正式联合发布。H.264 是在 MPEG-4 技术的基础之上发展起来的，在同等图像质量的条件下，H.264 的压缩比是 MPEG-4 的 1.5 ~ 2 倍，压缩比可达到 100:1。H.264 关键编码技术包括：帧内预测编码、帧间预测编码、整数变换、量化、去块滤波、熵编码。

帧内预测编码用于压缩单帧图像的空间冗余数据。H.264 提供 9 种模式进行 4 × 4 像素宏块预测。在一个帧图像中，对一给定宏块编码时，首先根据其周围的宏块预测，然后对预测值与实际值的差值进行编码。帧间预测编码用于压缩相邻帧之间的数据冗余(时间冗余)。对相邻帧的不同区块临时存放，只对连续帧中发生改变的区块进行编码。该算法采用运动预测和运动补偿来完成，对给定区块，可通过比较已经进行了编码的帧来计算区块的运动向量。H.264 使用了基于 4 × 4 像素块的类似于 DCT 的变换，但使用的是以整数为基础的空间变换，相对于浮点运算,存储量和计算复杂度都大大降低。H.264 中可选 32 种不同的量化步长。去块滤波器是一种用于减少在区块边界产生视觉瑕疵的滤波器。熵编码是指编码过程中按熵原理不丢失任何信息的编码。H.264 采用的熵编码有两种:通用可变长编码(UVLC)和基于文本的自适应二进制算术编码(CABAC)。

(3)H.265

H.265 由国际电信联盟(ITU)在 2013 年批准,是 H.264 的升级版,又称为高效视频编码(High Efficiency Video Coding),其编码架构与 H.264 的架构大体相似,保留了帧内预测编码、帧间预测编码、整数变换、量化、去块滤波、熵编码等模块,同时增加了采样自适应补偿(SAO)等新模块。SAO 通过分析原始数据和重构后的数据,在去块滤波之后进行补偿操作,使其尽量接近原始的像素值。此外,H.264 中每个宏块大小都是固定的 16×16 像素,而H.265提供了更多的编码单位选择,大小范围从 8×8 到 64×64。在相同的画面质量下,采用 H.265 压缩的视频文件大小可比 H.264 降低 50%。传输采用 H.265 技术压缩的 1080P 全高清视频只需 1~2Mb/s 的带宽。

5.2.2.4 智能识别软件

视频监控系统采集的视频内容主要依靠人工分析,这种方式不但费时费力,而且由于监控人员很难做到 24 小时连续值守和长时间密切监视,因此存在严重的漏检,不能及时发现视频中拍摄到的事故、险情等重要事件。随着近年来人工智能和相关加速硬件技术的快速发展,智能识别突破了硬件计算能力限制和识别准确率限制,开始在视频监控系统中大量应用,推动视频监控升级到智能视频监控时代。海康、大华、华为等行业领军企业已经将人脸检测、人脸识别、车辆识别、客流统计等功能集成到视频监控系统中。智能识别软件的核心是智能视觉识别算法,本章 5.3 节将对此做详细介绍。

5.2.3 内河航道监控摄像机选型和布置

如前两节所述,视频监控系统的软硬件各组成部分类型和参数众多。视频监控厂商通过不同的软硬件搭配形成了种类繁多的监控摄像机产品,以满足不同用户的需求,适应各种各样的应用环境。本节结合山区内河航道的特点,介绍如何对监控摄像机进行合理的选型和安装布置。

5.2.3.1 外形选型和安装

外形差异是不同监控摄像机产品最明显的差异。外形不仅关系到产品的美观程度,还与功能和安装条件密切相关。根据外形特点,监控摄像机可分为枪机、球机和半球机,如图 5-6 所示。

其中,枪机可配备高倍变焦镜头,且镜头更换方便,但体积较大,旋转能力较差,主要用于定点监控,安装方式灵活。半球机和球机属于集成相机、镜头、云台和保护罩的一体机。半球机结构紧凑,体积小巧,适用于吊顶安装。受体积限制,半球机镜头变焦范围较小,主要用于定点监控,一般用于室内。球机可 360°旋转,适用于大范围监控,在室外场景应用较多,支持吊装、侧装等多种安装方式。

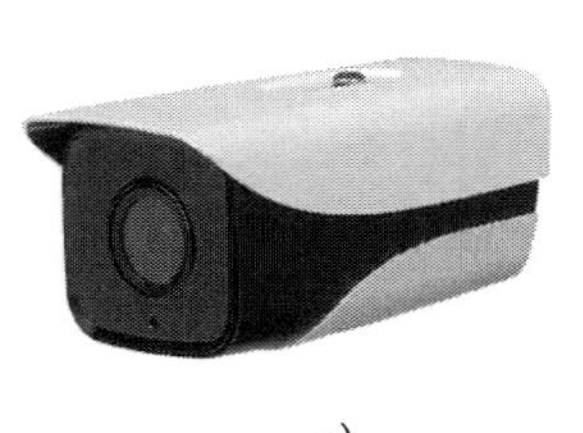

a)

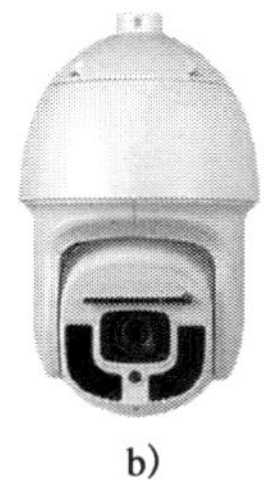

b)

c)

图 5-6　枪机、球机和半球机

a)枪机;b)球机;c)半球机

在山区内河水上交通视频监控中,监控对象既包括船舶、航标、水面等室外场景,也应包括驾驶舱、客舱等室内场景,这是因为要有效监控人员超载、驾驶舱异常行为问题,必须在船舱内部安装摄像头。因此监控摄像机可分为岸基和船基。对于固定航段的定点连续监控,首选枪机。对于监控范围大,监控相机理想安装点不足的应用场景,适合选择球机进行扫描式监控。对于船基视频监控,则更适合选择体积小巧的半球机。保护罩防水性能是水上交通视频监控中不可忽视的重要因素,通常室外摄像机的防护等级需达到 IP66,可完全防止外物侵入,承受强烈喷水时,电器的进水量不会达到有害的影响。

山区内河航道沿线地形和地质复杂,选择岸基视频监控摄像机安装地点时,需遵循以下原则:一是视野良好,无遮挡;二是人员车辆进出便利,施工维护简单;三是电力供应和通信保障良好。对于原则一,应充分考虑水面涨落和植物生长的影响,监控立柱需保证一定高度;对于原则二,应尽可能利用已有人造设施,在野外环境要考虑雨雪天气对道路通行带来的影响;对于原则三,应尽可能利用已有线路,若新铺设线路成本较高,可根据光照条件采用太阳能电池板供电,同时采用无线网络摄像机。在确定监控摄像机地点前,实地走访调研是必不可少的基础工作。

5.2.3.2　功能选型

视频监控摄像机的功能选型更为复杂,需要综合考虑监控对象、使用环境、安装维护成本等多种因素。

镜头焦距直接决定了成像视场范围,关系到监控摄像机能否有效采集到监控对象的图像,是首先要考虑的因素。对航道进行大范围监控以及船舱内部监控应选择广角镜头,对远距离重点区域监控选择长焦镜头。采用球机进行大范围扫描式监控应选用高倍变焦镜头。现以海康 DS-IPC-E22H-IW 监控摄像头为例,介绍焦距与视角和监控距离的关系见表 5-1,该摄像头图像传感器尺寸为 1/2.7in①。

焦距与视角和监控距离关系　　表 5-1

焦距(mm)	2.8	4	6	8
水平视场角(°)	114.8	89.1	54.4	43.0
监控距离(m)	3 ~ 5	5 ~ 10	10 ~ 13	13 ~ 20

① 1in = 2.54cm。

图像传感器的像素数与图像解析度密切相关,同时也影响到数据传输量的大小,两者之间存在矛盾。如果只需对中近距离的大目标进行监控,宜采用像素数适中的摄像机,例如130万~200万像素。如果需要识别监控对象的细节,例如船舶干舷和船号,则应采用高像素相机。此外,为提高图像清晰度,还应选择图像去噪功能强大的产品。像素数与数据传输量关系见表5-2。

像素数与数据传输量关系 表5-2

像素数	100万	200万	500万	800万
常用图像尺寸	1280×720(720P)	1920×1080(1080P)	2560×1920	4096×2160(4K)
所需传输带宽(H.265/25fps)	0.5~1Mb/s	1~2Mb/s	2~5Mb/s	4~8Mb/s

在需要日夜连续监控的应用场景中,摄像机应具有红外夜视功能,红外光源的有效照射距离是夜视摄像机的关键参数。低端红外夜视摄像机一般监控距离为10~30m,高端产品采用高效红外阵列,照射距离可达200m以上,例如海康iDS-2VS325-F836系列球机。热成像相机也能实现夜视功能,并且能够在雾霾、眩光等恶劣条件下使用。以海康DS-2TD8136-150型热成像相机为例,其热像分辨率为384×288,配合150mm长焦镜头,识别车和人的最远距离分别达到3km和1km。热成像监控相机的缺点是成本昂贵、分辨率较低,只适用于个别重要地点的监控(图5-7)。

图5-7 热成像监控摄像机

在内河航道视频监控中,常常遇到明暗高反差现象,一方面是直接受阳光和水面反光的影响;另一方面是受到船舶、路灯灯光等人造光源的影响。解决该问题不仅要合理选择摄像机的安装位置和拍摄角度,尽量减少逆光拍摄,还应选择具有高动态范围成像(HDR)功能的产品。

受地理因素影响,山区内河航道视频监控往往还面临雾气、山洪、突风等问题,要使视频监控系统能够在这些恶劣条件下正常工作,充分发挥灾害监测作用,监控摄像机还应具有图像去雾、机体防震、光学防抖等功能。

5.2.3.3 智能监控摄像机选型

随着人工智能软硬件技术的快速发展,智能监控摄像机开始投入实际应用。智能监控摄像机的选型除考虑前文所述的传统功能外,还具有自身的一些特点。智能监控摄像机的特征是集成了视频智能识别功能,其研发和生产成本都远远高于传统摄像机。由于集成了高性能计算硬件,对供电和散热也有着更高要求。此外,由于前端计算能力的限制,智能监控摄像机的识别准确率一般明显低于后端的视频分析服务器。因此,选择智能监控摄像机必须充分考虑应用场景。

视频传输产生的流量费用以及数据存储费用是监控系统日常使用的主要成本来源。降低流量和数据存储成本的最直接方式是采用智能监控摄像机:将图像识别模块与摄像机部署在同一地点,摄像机采集的图像在本地完成识别,只上传具有有效内容的结构化信息,则数据传输和存储量可呈数量级下降。以船舶流量为例,传统的监控摄像机需连续上传视频,而智能监控摄像机只在检测到有船舶经过时上传关键图像或视频片段。因此，智能监控摄像机尤其适合在数据传输和存储压力较大的应用场景。

山区内河航道沿线地形地貌复杂多变，天气变化、植被枯荣、水位涨落也会使监控场景发生显著变化。而当前人工智能技术还处在弱智能阶段，智能识别算法只能在拥有大量训练样本的条件才能充分发挥性能，并且对场景变化的适应能力还不够强大，往往需要补充训练样本才能在新的场景下正常工作。因此，选择智能监控摄像机，应选择定制化开发的产品，并且支持智能识别软件的更新升级。

5.3　水上交通智能视频监控技术

人工智能作为新一轮科技革命和产业变革的重要驱动力量，对视频监控领域产生了深远影响，智能化已经成为视频监控不可逆转的发展趋势。本节将对水上交通智能视频监控技术做详细介绍。在视频监控领域，“智能”主要体现在智能视觉识别。视觉是人类认识客观世界的主要途径，人类感知的外部信息 80% 以上都来自于视觉，这一比例也与人工智能创新企业中从事视觉研究的企业占比基于一致，智能视觉识别被公认为是人工智能取得成果最为丰硕的一个重要研究分支。2019 年 5 月，科技部新一代人工智能发展研究中心等十余家机构发布了《中国新一代人工智能发展报告 2019》，报告显示我国人工智能论文发文量全球领先，企业数量等多项指标居全球第二，表明近年来我国已经建立了坚实的人工智能发展基础。我国的海康威视和大华作为全球视频监控的领军企业，已经成功推出了大量智能视频监控产品和解决方案。

5.3.1　智能视觉识别技术

5.3.1.1　人工智能概念简介

“人工智能”一词首次出现在 1956 年的达特茅斯会议上，其定义一直存有不同的观点：维基百科将其定义为“人工智能就是机器展现出的智能”，即只要是某种机器，具有某种或某些“智能”的特征或表现，都应该算作“人工智能”；《大英百科全书》则限定人工智能是数字计算机或者数字计算机控制的机器人在执行智能生物体才有的一些任务上的能力；百度百科将其定义为人工智能是研究、开发用于模拟、延伸和扩展人的智能的理论、方法、技术及应用系统的一门新的技术科学，将其视为计算机科学的一个分支，指出其研究包括机器人、语言识别、图像识别、自然语言处理和专家系统等。

2018 年，由中科院等国内权威科研单位联合发布的《人工智能标准化本白皮书》认为，人工智能是利用数字计算机或者数字计算机控制的机器模拟、延伸和扩展人的智能，感知环境、获取知识并使用知识获得最佳结果的理论、方法、技术及应用系统。

根据人工智能是否能真正实现推理、思考和解决问题，可以将人工智能分为弱人工智能和强人工智能。

弱人工智能是指不能真正实现推理和解决问题的智能机器，这些机器表面看像是智能的，但是并不真正拥有智能，也不会有自主意识。迄今为止的人工智能系统都还是实现特定功能的专用智能，而不是像人类智能那样能够不断适应复杂的新环境并不断涌现出新的功能，因此都还是弱人工智能。目前的主流研究仍然集中于弱人工智能。一些面向特定领域的专用人工智能技术取得突破性进展,甚至可以在单项测试中超越人类智能,如棋牌游戏、语音识别、图像识别等方面。智能视觉识别属于弱人工智能。

强人工智能是指真正能思维的智能机器,并且认为这样的机器是有知觉的和自我意识的,这类机器按照思维和推理方式可分为类人与非类人两大类。达到人类水平的、能够自适应地应对外界环境挑战的、具有自我意识的人工智能称为"强人工智能"。强人工智能在技术上具有极大的挑战性,学术界普遍认为在未来几十年内难以实现。

5.3.1.2 智能视觉识别技术发展现状

通过监控视频对水上交通场景进行智能视觉识别,对应于计算机视觉领域的场景理解问题,该问题是计算机视觉中具有挑战性的难题之一,也是当前最前沿和最活跃的研究领域,根据采用的技术类型,可以分为传统图像处理方法和基于深度卷积神经网络的方法。在本轮人工智能技术兴起之前,传统图像处理方法是主流方法,包括 SIFT、HOG 特征、马尔科夫随机场、活动轮廓模型等,主要通过由算法工程师人工选择或设计的目标特征来完成图像识别,例如通过提取颜色和纹理特征来识别天空和水面。这类方法通常具有较快的计算速度,对计算硬件要求不高;缺点是难以适应环境变化,近些年已经逐渐被基于深度卷积神经网络的方法替代。按照对场景理解由粗到细,由易到难的发展顺序,基于深度卷积神经网络的图像分类、图像目标检测、图像语义分割和实例分割技术依次成为近年来的研究热点。

目前,引领智能视觉识别技术发展的国外科研单位除卡耐基梅隆大学、牛津大学、UCLA 等著名高校外,还有 Facebook、谷歌、微软、亚马逊、英伟达、英特尔、苹果等大型科技企业。以美国为代表的发达国家在基础理论、核心算法、开发框架等方面领先优势较为明显。引领国内智能视觉识别技术发展的科研单位有清华大学、北京大学、上海交通大学等高校,以及海康威视、大华、腾讯、阿里、华为、商汤科技等大型科技企业。近年来,国内在该领域的论文和专利数量保持高速增长。然而在深度学习的核心算法上,国内提出的原始创新算法相对较少,更偏向已有算法的改进和应用。

在基于深度卷积神经网络的智能视觉识别技术中,深度卷积神经网络的模型架构是核心。当前高层级的场景理解技术所用的模型架构通常以低层级的模型架构为基础发展而来,各层级场景理解的代表性模型架构包括:VGG、Inception、ResNet、Faster-RCNN、SSD、YOLO、FCN、SegNet、U-Net、DeepLab、Mask R-CNN 等等。这些经典模型架构主要由美国的科研机构提出,在此基础上演化出众多改进的模型。值得指出的是海外华人学者在这一领域贡献巨大,例如 ResNet、Mask R-CNN 以及当前图像全景分割的概念和全景特征金字塔网络方法均由华人学者提出。除视频监控外,场景理解的另一个主要应用领域是汽车自动驾驶,其中需要对道路和城市街区的场景进行非常准确和实时的理解。特斯拉、Uber 等自动驾驶汽车的事故案例表明,当前智能视觉识别的准确性和可靠性还有待提升,也引发了部分人士对智能视觉识别技术的质疑。然而,智能视频监控领域对识别准确性和可靠性的要求远远低于自动驾驶领域,因此智能视觉识别在视频监控领域已经更早地迈入实用化阶段,众多新技术选择视频监控领域作为应用落地的首选方向。

开发框架对深度学习学术研究和产品研发十分重要,能够极大地提高科研和开发效率,避免重复劳动。目前，深度学习的常用开发框架主要有谷歌的 TensorFlow，加州大学伯克利分校的 Caffe、Facebook 的 Pytorch、亚马逊的 MXNet 等。国内在深度学习框架方面近年来也取得了突破性进展，阿里巴巴开源了 X-Deep Learning 框架、华为开源了 MindSpore 框架、小米宣布开源了移动端深度学习框架 MACE、百度开源了自动驾驶框架 Apollo、腾讯人工智能实验室宣布开源一款自动化深度学习模型压缩与加速的框架 PocketFlow。

5.3.1.3　智能视频监控层级划分

智能视频监控按照对场景理解的详细程度由低到高可分为如下几个层级，如图 5-8 所示。

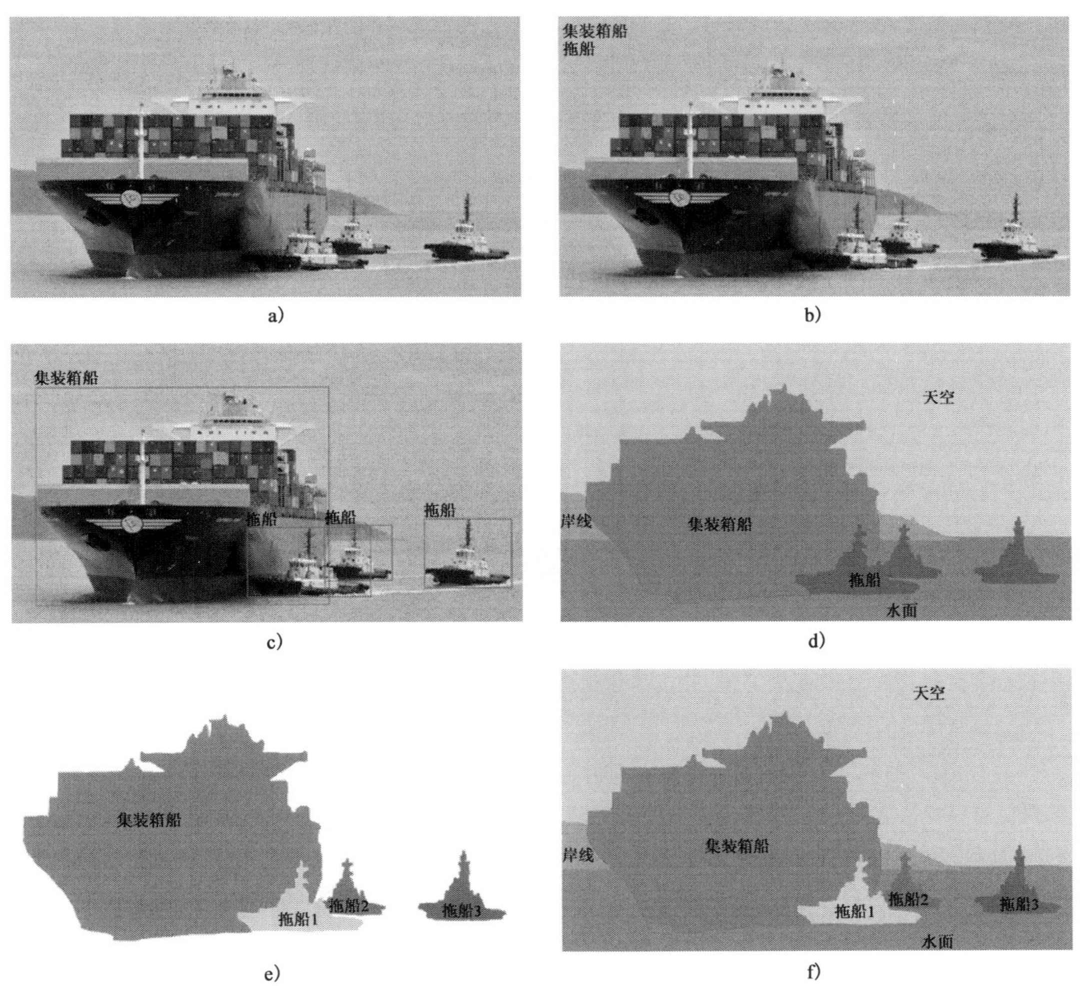

图 5-8　场景理解各层级示例

a)原始图像；b)图像分类；c)目标检测；d)语义分割；e)实例分割；f)全景分割

(1)图像分类。

图像分类(Image Classification)是指识别图像中主要目标的种类。在水上视频监控中的典型应用有判断视频中是否出现某种类型的船舶，判断船舶、码头是否出现火情。

(2)图像目标检测。

图像目标检测(Object Detection)是指用边界框标出图像中的目标位置并识别目标种类。在水上视频监控中的典型应用有检测出当前图像中的所有船舶并标记船舶类型。

(3)图像语义分割。

图像语义分割(Semantic Segmentation)是指将像素按照图像中表达语义含义的不同进行分类,即用不同颜色标示出图像中不同种类的目标区域。在水上视频监控中的典型应用是标记出图像中的水面、天空、船舶、漂浮物和岸上景物等。

(4)图像实例分割。

图像实例分割(Instance Segmentation)是指对图像中可数物体进行分类,并标记出同类物体的不同个体。在水上视频监控中的典型应用是标记出当前图像中的所有船舶,识别其船型,并对同型船舶进行标号。

(5)图像全景分割。

图像全景分割(Panoptic Segmentation)是指对图像中包含可数和不可数事物的所有像素进行分类,并标记出同类可数物体的不同个体。对于水上交通视频监控,目标类别主要包括水面、岸线、天空、各类船舶、漂浮物等,其中船舶类型可细分为集装箱船、油船、客船、渔船、巡逻船等子类别。图像全景分割不仅能够在像素级标记出上述各类目标区域,还能标记出同类船舶中的个体实例编号。

场景理解的层级越高,图像分析结果输出的信息越丰富,对环境感知的精细化程度越高,但同时相应的技术难度也更高,研究起步也更晚,其中图像全景分割是2018年新提出的概念,是未来水上交通视频监控发展的一个重要方向。

5.3.1.4 智能视觉识别关键技术

(1)卷积神经网络。

卷积神经网络(Convolutional Neural Network,CNN)最初是为解决图像识别问题设计,是目前处理智能视觉识别问题的主要工具。卷积神经网络的名称来自基于卷积的神经网络连接结构,该结构能够大幅降低神经网络的参数量,起到降低神经网络技术复杂度和防止过拟合的作用。深度卷积神经网络由多个卷积层构成,每一个卷积层包含多个卷积核,卷积核可表示为矩阵,这些卷积核矩阵的元素就是卷积神经网络训练中要学习的参数。卷积神经网络中第一个卷积层可直接以图像的原始像素作为输入,每一个卷积操作只处理一小块图像,卷积变换后的结果作为输入传递到下一个卷积层。计算机对图像的识别过程可分为对图像特征的提取和分类过程。卷积神经网络中的低层卷积层负责提取图像中的低阶特征,例如边缘和角点,而高层卷积层将低阶特征进行组合和进一步抽象,提取出更高阶的特征,例如可表示目标类别的特征。通常,卷积神经网络的层数越多,即网络深度越大,则卷积神经网络从样本中学习特征的能力越强,识别性能也就更高。2012年由Alex提出的深度卷积神经网络模型AlexNet以显著优势赢得了当年的ImageNet视觉识别挑战赛,从此深度学习在计算机视觉领域取得了主导地位,被视为本轮人工智能热潮兴起的标志性事件。近年来,卷积神经网络一直是人工智能的研究热点,在视觉智能识别领域占有统治地位,衍生出众多视觉识别算法,包括图像分类网络VGG、Inception、ResNet,目标检测中的Faster-RCNN、SSD、YOLO,图像分割中的Deeplab、Mask-

RCNN、SegNet 等等。这些方法被广泛应用于与视觉识别相关的应用场景中。

(2)循环神经网络。

在普通的全连接网络或卷积神经网络中,神经元信号只能向上一层传播,整体传播顺序是从输入层到隐含层再到输出层,样本的处理在各个时刻独立,又被称为前馈神经网络(Feed-forward Neural Network)。这种普通的神经网络无法处理与时间序列相关的问题。例如,预测句子的下一个单词是什么,一般需要用到前面的单词,因为一个句子中前后单词并不是独立的。之所以称之为循环神经网络(Recurrent Neural Network,RNN),是因为一个神经元的输出信号可在下一时刻直接作用于自身,网络会对过去的信息进行记忆并应用于当前输出的计算中,即第 i 层神经元在第 t 时刻的输入不仅包括第($i-1$)层神经元的输出,还包括自身在第($t-1$)时刻的输出。理论上,循环神经网络能够对任何长度的序列数据进行处理。但是在实践中,为了降低复杂性,往往假设当前的状态只与前面的几个状态相关。循环神经网络主要用于处理与时间序列相关的问题。在水上视频监控领域,循环神经网络与卷积神经网络相结合,可用于船上人员或船舶的行为识别,例如船舶驾驶舱内的人员危险行为识别、船舶可疑行为识别等。

(3)生成对抗神经网络。

生成对抗神经网络(Generative Adversarial Networks,GAN)于 2014 年提出,其基本思想可以概括为使用两个神经网络,一个神经网络作为生成器,尝试生成真实的数据(主要是图片,也可能是其他数据的分布),而另一个网络作为判别器,尝试判别数据是真实的还是生成的,两者进行相互对抗。生成对抗神经网络作为一种生成式模型,不直接估计数据样本的分布,而是通过模型学习来估测其潜在分布并生成同分布的新样本,这种从潜在分布生成新样本的能力,是生成对抗神经网络的最显著特点。生成对抗神经网络当前最主要的应用领域是图像编辑合成,例如特效场景合成、人像换装换脸、图像分辨率提升,甚至由文字描述生成图像、由二维图形生成三维图像等等。缺少训练数据是深度学习在实际应用中的常见障碍,利用生成对抗神经网络生成的图片可以补充神经网络的训练图像样本。第二项应用是注意力预测,人类在看一张图片时,往往只关注特定的部分,而通过生成对抗神经网络模型可以预测出人类关心的区域在哪里。注意力预测功能可用于视频压缩、警示标志布置、驾驶辅助等。生成对抗神经网络其他应用领域还包括图像加密、网络攻击监测等,作为人工智能的一个新兴研究方向,应用前景十分广阔。

对于水上交通视频监控,生成对抗神经网络有两项重要用途。第一项用途是合成训练样本,解决样本图像收集困难的问题。同道路场景智能视觉识别相比,水上场景智能视觉识别研究明显偏少,缺乏公开的图像样本集。此外,水上交通的船舶流量远远少于公路交通中的汽车流量,因此样本采集工作更加困难,收集相同数量的样本需要数倍的时间。第二项用途是通过生成对抗神经网络模型预测出人类注意力所关注的显著性区域,进而对视频进行深度压缩,降低监控视频的存储空间。

(4)弱监督学习。

基于深度卷积神经网络模型实现智能视觉识别,不仅需要收集大量的训练样本图像,还需要对训练样本图像进行精准的人工标注,标注工作十分枯燥且费时费力。处理不同层次的场景理解问题所需标注方式和工作量差异巨大。图像分类仅需为每张图像标记一个或多个分类标签,即图像级标注;图像目标检测则需要人工画出图像中各目标的边界框并为每个目标给出一个分类标签,即边界框级标注;而图像全景分割的标注不仅要求标记图像中所有像素的类别,还需要对属于同一类别的可数物体进行一一编号。据统计,像素级标注工作用时是边界框级标注的30倍以上,在Cityscapes图像数据集上进行精细像素级标注的单张图像平均耗时超过1.5h。另一方面,在实际应用中,用户需求变化经常导致场景中需检测的目标种类变化,从而引起样本反复标注的问题。样本图像标注所需的高昂时间成本将严重影响项目进度,单调枯燥的工作中不可避免的标注错误将直接影响模型训练效果,干扰研发工作的正常进行。

弱监督学习是在智能视觉识别中为减少训练样本的标注工作量而诞生的一个新的研究领域,目前仍充满挑战性。按所需标注层级的不同,弱监督学习可分为基于图像级标注的方法和基于边界框标注的方法。前者的代表性方法有基于期望最大化的方法、基于多实例学习的方法,后者代表性方法有Bbox-Rect、Bbox-Seg、BoxSup等。上述方法主要针对图像语义分割和实例分割。对于全景分割,由于概念提出较晚,相关的弱监督学习技术研究目前刚刚起步,一种可行的框架是使用图像级标注监控场景中的水面、天空等不可数事物,使用边界框标注监控场景中的船舶等可数物体。图5-9所示为基于边界框标注的弱监督学习。图5-9a)中人工标注了船舶的边界框,图5-9b)是通过弱监督学习方法自动生成船舶的像素级标注,后者可作为语义分割的训练样本。

a) b)

图5-9 弱监督学习示意

a)人工标注船舶边界框;b)自动生成的船舶像素级标注

5.3.2 水上交通应用场景

智能视觉识别在水上交通有着广泛的应用场景,包括船舶流量统计、船舶类型识别、航标监测、AIS开机检测、漂浮物监测、人员超载监测等,发挥了降低人力成本、提高监管效率、加快反应速度、促进监管公平公正等积极作用。随着人工智能和计算机视觉技术的快速发展,新的应用也在不断涌现。本节将重点介绍其中几个常见的应用场景。

5.3.2.1 船舶流量统计和船型识别

船舶流量统计对于掌握内河航道交通运行状况具有重要意义。当前,用于船舶流量统计的方法有基于AIS、激光点云、雷达以及基于智能视觉识别的方法。基于AIS的方法要求过往船舶必须安装AIS并正常开机工作,这一条件在山区内河水运中常常难以满足。基于激光点云和雷达的方法硬件成本较高，且安装调试复杂，通常只能部署在桥梁等监测卡口。基于智能视觉识别的方法具有硬件成本低、安装灵活、检测结果直观等突出优点。当前，用于船舶流量统计的主流视觉识别方法是基于卷积神经网络的目标检测方法，不仅可以检测船舶的数量，还能提供船舶相对位置以及船舶类型等信息。当检测船舶类型时，只需将不同类型的船舶图像样本作为单独一个类别进行神经网络训练。船舶检测和船型识别示意，如图 5-10 所示。

图 5-10　船舶检测和船型识别示意

5.3.2.2　航标监测

航标是航道上用于引导船舶航行、标示碍航物与表示警告的重要设施，对于保障水运的畅通和安全发挥着重要作用。受漂浮物和船舶撞击的影响，航标容易发生损坏。由于航标分布范围广，靠人工检视很难及时发现航标损坏现象。基于岸基监控摄像机或在航标上部署无线监控摄像机采集航标图像，进而通过视觉识别方法判断航标灯光和航标形态，就能够实现航标故障的远程监测，从而大大提高航标的维护效率。

5.3.2.3　AIS 开机检测

当前，船舶身份识别主要依靠 AIS 系统实现，然而一些违法船舶常采用故意关闭 AIS 系统的手段来逃避监管。基于智能视觉识别的船号识别是解决这一问题的一个有效手段。基本流程是首先在监控图像中找到船号所在区域，然后提取船号中的字符进行识别，最后将识别的船号信息与执法系统的船舶信息对比，判断出该船的 AIS 是否正常开启。AIS 开机检测如图 5-11 所示。

5.3.2.4　漂浮物监测

山区内河航道上的常见漂浮物包括水草以及洪水裹挟的树木、牲畜和建筑材料等等。这些漂浮物有些会阻碍通航，有些还可能对下游的船舶和桥梁造成严重的撞击伤害。传统的监测手段是依靠人工沿岸巡视，耗时耗力。智能视频监控为航道漂浮物监测提供了新的有效途径。当采用基于深度学习的目标检测方法时，能够检测出漂浮物的种类和运行轨迹；当采用语义分割方法时，还能够检测出漂浮物的分布面积，从而为相关部门发布预警和组织打捞清理提供有力的技术支持。漂浮物监测示意如图 5-12 所示。

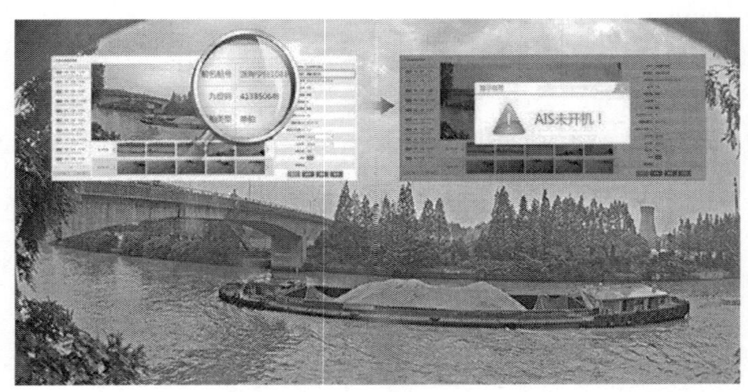

图 5-11　AIS 开机检测

图 5-12　漂浮物监测示意

5.3.2.5　船舶驾驶室异常行为监测

近年来,因乘客入侵公交车驾驶室导致的重大交通事故时有发生,给交通安全监管增加了新的压力和挑战,也为船舶驾驶室安全监控敲响了警钟。船舶驾驶人员的脱岗、睡岗以及不法分子的入侵、劫持等行为将给乘客、船舶、桥梁、港口设施、岸线建筑等带来巨大的安全威胁。通过监控视频智能识别船舶驾驶室的异常行为,在第一时间发出安全威胁预警,有利于船上人员以及交通、公安等相关部门迅速采取应对措施,将安全威胁及时消除或降到最低限度。

5.3.2.6　客渡船超载监测

我国部分地区山地丘陵众多,河流密布,受地理因素影响,水路出行仍是这些地区广大农村群众的主要出行方式。客渡船在服务民生、解决经济欠发达地区和山区群众基本交通需求方面发挥着重要作用。由于船舶一旦发生倾覆事故,乘客难以逃生,救援人员难以及时抵达,水上客运事故往往造成重大人员伤亡。近年来,国内外水上客运重大事故仍不断发生,遇难人数众多,例如,2015年长江"东方之星"客轮倾覆事故;2018年泰国普吉岛游船倾覆事故,印尼加里曼丹省渡船倾覆事故;2019年伊拉克北部渡船倾覆事故。这些惨剧为客渡船安全监测敲响了警钟。

客渡船通常为小型船舶,在航行途中普遍存在随意靠岸、上下乘客的现象,用传统人工方式进行监管十分困难。在客舱内安装无线监控摄像头,通过计算机视觉技术实时监测视频中的乘客人数,能够对超载行为进行有效监管。船型变化、客舱布局变化、乘客身体遮挡、计算实时性要求等是客渡船超载智能实时监控要解决的主要问题。传统方法一般基于头部特征检测,很容易受到环境干扰。而当前基于深度学习的人脸/人体检测算法、人群密度估计算法都可用于人数统计,对环境变化适应能力更强,能够大幅提高客渡船超载监测的准确性。船舱乘客人数检测示意图如图5-13所示。

图5-13 船舱乘客人数检测示意图

第 6 章　数据通信技术

6.1 引　　言

20 世纪 50 年代以来,因计算机技术和通信技术的相互渗透和蓬勃发展,数据通信技术应运而生。它作为一种通信系统,扮演着计算机与计算机之间、计算机与终端之间媒介的角色。它以数据为主要载体,传递包括预先约定好的具有某种含义的数字、字母、符号或者它们之间的组合。

数据通信的传输手段主要包括电缆通信、微波中继通信、光纤通信、卫星通信和移动通信等。因山区河段地势复杂,无线通信、卫星通信、卫星导航定位等手段在山区内河的航道水上安全监测中得到了较多的应用。

6.2 无 线 通 信

无线通信是利用电磁波信号在自由空间中传播的特性进行信息交换的一种通信方式。无线通信技术自身有很多优点,主要包括:

(1)成本较低,不用铺设电缆等方式建立物理线路。

(2)不受工业环境的限制,对抗环境的变化能力较强。

(3)故障诊断较为容易、便捷,可以通过远程诊断完成维修。

(4)扩展性强,网络扩展时无须扩展布线。

(5)灵活性强,在使用环境发生变化时,只需要进行很少的调整,就能适应新环境的要求。

正是由于上述优点的存在,无线通信技术一直扮演着较为重要的角色。山区内河航道水上安全监测中的水位、流速、风速风向等传感器的数据发送、接收均采用无线通信手段。本章将进一步对无线通信中的各类技术进行介绍。

常见的无线通信技术主要包括近距离无线通信技术和远距离无线传输技术。

6.2.1　近距离无线通信技术

近距离无线通信技术是指传输距离在较近的范围内的无线通信技术,其应用范围十分广泛、应用前景较好。本节将介绍以下主流近距离无线通信技术,具体包括 Zig-Bee、蓝牙(Bluetooth)、无线宽带(Wi-Fi)、超宽带(UWB)和近场通信(NFC)。

(1)Zig-Bee

Zig-Bee 是基于 IEEE 802.15.4 标准而建立的一种短距离、低功耗的无线通信技术。蜜蜂(Bee)是靠飞翔和“嗡嗡”(Zig)的抖动翅膀声音,来与同伴确定食物源的方向、位置和距离等信息,这便构成了蜜蜂间的通信,而 Zig-Bee 技术通信方式与其类似。它的特点主要包括:

①距离近，通常传输距离是 10～100m。

②低功耗，在低耗电待机模式下，2 节 5 号干电池可支持 1 个终端工作 6～24 个月，甚至更长。

③成本低，Zig-Bee 免协议费，芯片价格便宜。

④低速率，通常 Zig-Bee 工作在 20～250kb/s 的较低速率。

⑤短时延，Zig-Bee 的响应速度较快。

基于上述特点，Zig-Bee 技术主要适用于家庭和楼宇控制、工业现场自动化控制、农业信息收集与控制、公共场所信息检测与控制、智能型标签等领域，可以嵌入各种设备。

Zig-Bee 组网通信方式如图 6-1 所示。

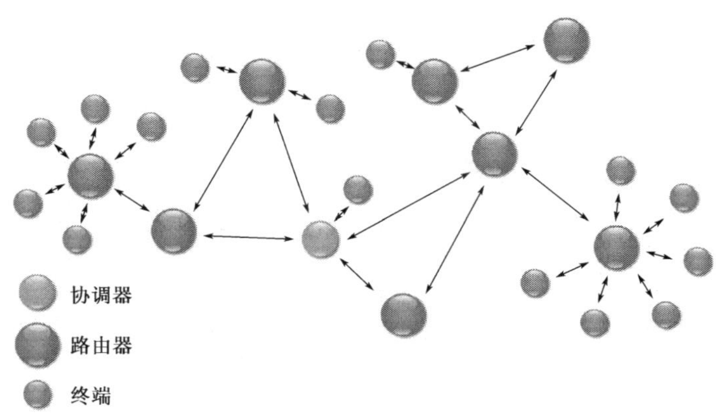

图 6-1　Zig-Bee 组网通信方式

(2)蓝牙(Bluetooth)

蓝牙是一种能够实现点对点或一点对多点的无线数据和声音传输的电磁波，覆盖半径约为 10m，其数据传输带宽可达 1Mb/s，通信介质为频率在 2.402～2.480GHz 之间。它可以实现局域网内各类设备之间随时随地通信，具体设备主要包括 PC、拨号网络、笔记本电脑、打印机、传真机、数码相机、移动电话和高品质耳机等。

蓝牙技术被广泛应用于无线办公环境、汽车工业、信息家电、玩家级别的无人机、医疗设备以及学校教育和工厂自动控制等领域，蓝牙目前存在的主要问题是芯片尺寸、价格较高和抗干扰能力较弱等。

Bluetooth 应用领域如图 6-2 所示。

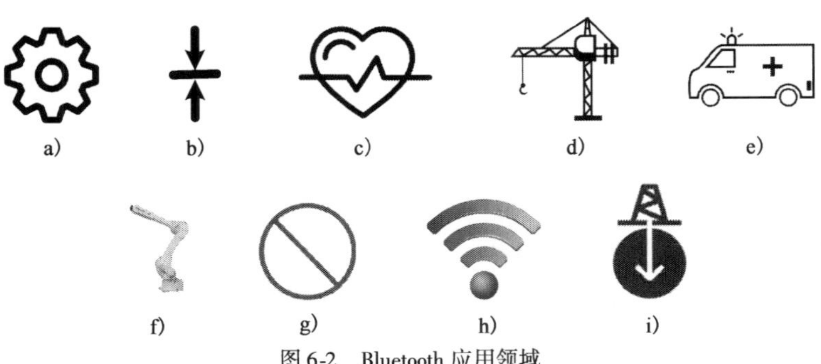

图 6-2　Bluetooth 应用领域

a)状态监控；b)机器校准；c)心脏停搏监控；d)起重机控制；e)器官运输；f)装配线工具监控；g)危险区域；h)室内追踪；i)井下测量

(3)无线宽带(Wi-Fi)

它是一种基于 IEEE 802.11 协议的无线局域网接入技术。短距离场景下的无人机可以通过 Wi-Fi 进行控制。Wi-Fi 技术的主要特点包括:

①局域网覆盖范围较广,覆盖半径可达 100m 左右。

②传输速度非常快,可达到 11Mb/s(802.11b)或者 54Mb/s (802.11a),适合高速数据传输的业务。

③无须布线,可以不受布线条件的限制,非常适合移动办公用户的需要。在一些人员密集的地方,比如火车站、汽车站、商场、机场、图书馆、校园等地方设置"热点",可以通过高速线路将因特网接入上述场所。用户只需要将支持无线网络的终端设备该区域内,即可高速接入因特网。

④健康安全,发射功率不超过 100mW,实际发射功率约 60~70mW。

Wi-Fi 应用领域如图 6-3 所示。

图 6-3 Wi-Fi 应用领域

(4)超宽带(UWB)

UWB 是一种无载波通信技术,利用纳秒至微秒级的非正弦波窄脉冲传输数据,其传输距离通常在 10m 以内,通信速度可以达到每秒几百兆位以上,使用 1GHz 以上带宽,工作频段范围从 3.1~10.6GHz,最小工作频宽为 500MHz。UWB 作为一种新型无线通信技术,具有对信道衰落不敏感、发射信号功率谱密度低、低截获能力、系统复杂度低、能提供厘米级的定位精度等优点,从而成功解决了困扰传统无线技术多年的传播方面的重大难题。由于其占用的带宽很高,可能会干扰现有其他无线通信系统。其主要特点包括:

①传输速率高,发射功率低,功耗小。

②保密性强。

③UWB 通信采用调时序列,能够抗多径衰落。

④UWB 所需要的射频和微波器件很少,可以减小系统的复杂性。

UWB 主要应用在高分辨率"较小范围"能够穿透墙壁地面等障碍物的雷达和图像系统中。它可以用来检查楼房、桥梁、道路等工程的混凝土和沥青结构中的缺陷,定位地下电缆及其他管线的故障位置,也可用于疾病诊断。此外,在救援、治安防范、消防及医疗、医学图像处

理等领域都大有用途。

(5)近场通信(Near Field Communication)

NFC是一种由RFID技术发展而来的新兴近距离无线通信技术,其数据传输速率一般为106kb/s、212kb/s和424kb/s三种,工作频率为13.56MHz,它与目前广为流行的非接触智能卡ISO 14443所采用的频率相同,因此为所有的消费类电子产品提供了一种方便的通信方式。NFC的主要优势包括距离近、带宽高、能耗低,与非接触智能卡技术兼容,在门禁,公交、手机支付等领域有着广阔的应用价值。

NFC的应用场景基本可以分为以下五类:

①接触—通过,主要应用在会议入场、交通关卡、门禁控制和赛事门票等方面。

②接触—确认/支付,主要应用在手机钱包、移动和公交付费等方面。

③接触—连接,这种应用可以实现2个具有NFC功能的设备实现数据的点对点传输。

④接触—浏览,用户可以通过NFC手机了解和使用系统所能提供的功能和服务。

⑤下载—接触,通过具有NFC功能的终端设备,接收或下载相关信息,用于门禁或支付等功能。

NFC应用场景如图6-4所示。

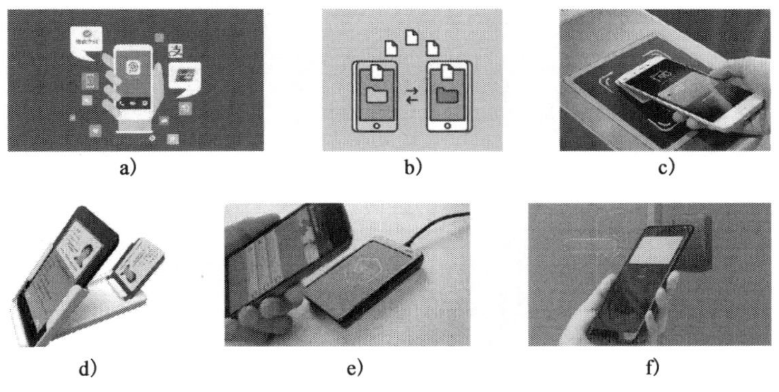

图6-4　NFC应用

a)移动支付;b)数据交换;c)公共交通支付;d)身份识别;e)电子标签识别;f)门禁

(6)近距离无线通信参数对比

表6-1所示为Zig-Bee、蓝牙(Bluetooth)、无线宽带(Wi-Fi)、超宽带(UWB)和近场通信(NFC)五类近距离无线通信技术的参数对比。

近距离无线通信参数对比　　表6-1

名　称	基于的标准/技术	传输距离	传输速率	工作频率
Zig-Bee	IEEE 802.15.4	10~100m	20~250kb/s	2.4~2.485GHz
Bluetooth	IEEE 802.11	10m	1Mb/s	2.4GHz
Wi-Fi	IEEE 802.11	100m	11Mb/s(802.11b) 或者54Mb/s(802.11a)	2.4GHz+5GHz
UWB	IEEE 802.15.3a	10m以内	每秒几百兆位	3.1~10.6GHz
NFC	RFID	10cm以内	106kb/s、212kb/s 和424kb/s三种	13.56MHz

6.2.2 远距离无线通信技术

远距离无线传输技术主要应用在煤矿、海上、有污染或环境较为恶劣地区等较为偏远或不宜铺设线路的地区,是目前偏远地区广泛应用的无线通信技术,主要包括移动通信技术、数传电台、扩频微波、无线网桥及卫星通信、短波通信技术等。

(1)移动通信技术。

移动通信以 1986 年第一代通信技术(1G)发明为标志,经过三十多年的爆发式增长,极大地改变了人们的生活方式,并成为推动社会发展的最重要动力之一。

①1G 时代。

第一代移动通信系统是模拟蜂窝移动通信,移动性和蜂窝组网的特性就是从第一代移动通信开始的,但是 1G 是模拟通信,抗干扰性能差,同时简单地使用频分多址(FDMA)技术,使得频率复用度和系统容量都不高。1G 主要就是两种制式,分别是来自美国的高级移动电话业务(AMPS)和来自欧洲的模拟移动通信系统(TACS)(中国当时跟随欧洲使用 TACS)。

②2G 时代。

第二代移动通信技术加入更多的多址技术,包括时分多址接入(TDMA)和码分多址接入(CDMA),同时 2G 是数字通信,因此在抗干扰能力上大大增强。第二代移动通信可以说是为接下来的 3G 和 4G 奠定了基础,比如分组域的引入、对空中接口的兼容性改造,使得手机不再只有语音、短信这样单一的业务,还可以更有效率地连入互联网(电路域也可以提供互联网(Internet)业务,只是相对来说分组域更适合 Internet 业务)。2G 主要的制式也是两个,分别是来自欧洲由信标准化协会(ETSI)的全球移动通信系统(GSM)和来自美国以高通公司为主的 TIA 组织的 CDMA IS95/CDMA2000 lx。

③3G 技术。

在前两代系统中,并没有一个国际组织对 1G、2G 做出明确的定义,而是靠各个国家和地区的通信标准化组织自己制定协议。但是到了 3G,国际电信联盟(ITU)提出了 IMT-2000,要求符合 IMT-2000 的规定才能被接纳为 3G 技术。ITU 向全世界征集 IMT-2000 标准的时候,许多国家和地区的通信标准化组织都提出了自己的技术,比如欧洲的电信标准协会(ETSI)和日本的无线通信标准研究所(ARIB/TTC)提出了关键参数和技术大致相同的宽带码分多址(WCDMA)技术,随后成立第三代合作伙伴(3GPP)组织,对 WCDMA 进行了标准化,形成一份统一的协议,保证彼此接口的兼容。美国以高通公司为首的通信工业协会(TIA)组织也提出了 CDMA2000,随后成立 3GPP2 组织,也对 CDMA2000 进行了标准化。当时中国的中国无线通信标准研究所(CWTS)(现为 CCSA)也提出了时分同步的码分多址(TD-SCDMA),随后加入 3GPP 组织中,与来自 ETSI 的通用陆地无线接入-时分双工(UTRA-TDD)进行了融合,完成了标准化。所以 3G 主流的制式主要就是 WCDMA、CDMA2000 EVDO、TD-SCDMA这三个,后来 IEEE 组织的全球微波互联接入(Wimax)也获准加入 IMT-2000 家族,也成了 3G 标准,即第三代移动通信技术。3G 相对于 2G 来说主要是采用了 CDMA 技术(暂时无视掉 Wimax),扩展了频谱,增加了频谱利用率,提升了速率,更加利于 Internet 业务,同时 3G 的演进技术将多种多址方式进行了结合(FDD-HSPA、TD-SCDMA 都是多种多址技术结合的产物),使用了更高阶的调制技术和编码技术,还采用了包括多载波捆绑、多输入多输出等新技术,使得速率进一步

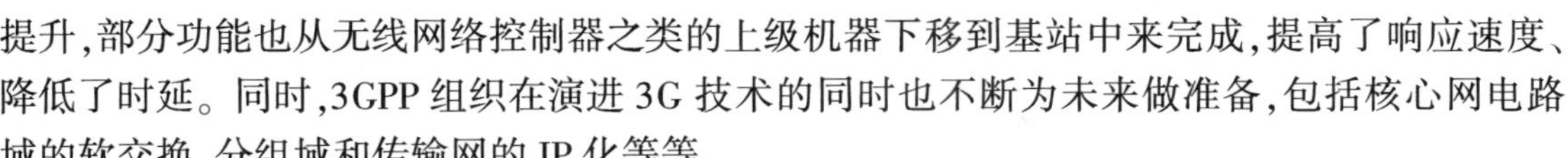

提升,部分功能也从无线网络控制器之类的上级机器下移到基站中来完成,提高了响应速度、降低了时延。同时,3GPP组织在演进3G技术的同时也不断为未来做准备,包括核心网电路域的软交换、分组域和传输网的IP化等等。

④4G技术。

第四代移动通信技术也是由ITU提出了需求,也就是IMT-Advanced家族。4G标准的制定主要是两个组织,一个是3GPP组织,代表了绝大多数传统的运营商、通信设备制造商等等,LTE/LTE-Advanced出自其手。一个是IEEE组织,主要是IT界对通信界的一次挑战,推出了Wimax的后续,也就是WierlessMAN-Advanced。高通公司和以其为首的3GPP2组织在4G时代也放弃了超移动宽带(UMB)技术,转而投向3G技术的长期演进(LTE)。首先是网络架构的大变化,LTE抛弃了2G、3G一直沿用的基站—基站控制器(2G)/无线资源管理器(3G)—核心网这样的网络结构,而改成基站直连核心网,整个网络更加扁平化,降低时延,提升用户感受。核心网方面抛弃了电路域,核心网迈向全IP化,统一由国际军事标准化(IMS)承载原先的业务。空中接口的关键技术也抛弃3G的CDMA而改成正交频分复用(OFDM),其在大带宽上比CDMA更加具备可行性和适应性,大规模使用多输入多输出技术提升了频率复用度,跨载波聚合能获得更大的频谱带宽,从而提升速率,这些技术都是LTE-Advanced能跻身4G标准的重要因素(4G要求静止状态下1Gb/s下行和500Mb/s上行)。4G由于大频谱带宽的需求以及各国各地区频谱资源的稀缺,所以会看到更多的频段被使用,相比之下3G则主要在800/850/900/1700/1900/2100等频段。目前LTE以占据绝对优势的地位成为4G主流,Wimax家族可以说被完全压制,所以4G也很有希望能结束多年以来多个同代制式相争的混乱局面,由LTE实现大致的一个统一。

⑤5G技术。

第五代移动通信技术是最新一代蜂窝移动通信技术,是4G(LTE-A、WiMax)、3G(UMTS、LTE)和2G(GSM)系统后的延伸。5G的性能目标是高数据速率、减少延迟、节省能源、降低成本、提高系统容量和大规模设备连接。Release-15中的5G规范的第一阶段是为了适应早期的商业部署。作为IMT-2020技术的候选提交给国际电信联盟(ITU)。ITU IMT-2020规范要求速度高达20Gb/s,可以实现宽信道带宽和大容量多输入多输出。

与早期的2G、3G和4G移动网络一样,5G网络是数字蜂窝网络,在这种网络中,供应商覆盖的服务区域被划分为许多被称为蜂窝的小地理区域。表示声音和图像的模拟信号在手机中被数字化,由模数转换器转换并作为比特流传输。蜂窝中的所有5G无线设备通过无线电波与蜂窝中的本地天线阵和低功率自动收发器(发射机和接收机)进行通信。收发器从公共频率池分配频道,这些频道在地理上分离的蜂窝中可以重复使用。本地天线通过高带宽光纤或无线回程连接与电话网络和互联网连接。与现有的手机一样,当用户从一个蜂窝穿越到另一个蜂窝时,他们的移动设备将自动“切换”到新蜂窝中的天线。

5G网络的主要优势在于,数据传输速率远远高于以前的蜂窝网络,最高可达10Gb/s,比当前的有线互联网要快,比先前的4G LTE蜂窝网络快100倍。另一个优点是较低的网络延迟(更快的响应时间),低于1ms,而4G为30~70ms。由于数据传输更快,5G网络将不仅仅为手机提供服务,而且还将成为一般性的家庭和办公网络提供商,与有线网络提供商竞争。以前的蜂窝网络提供了适用于手机的低数据率互联网接入,但是一个手机发射塔不能经济地提供足够的带宽作为家用计算机的一般互联网供应商。

(2)数传电台通信。

数传电台是数字式无线数据传输电台的简称。它是采用数字信号处理、数字调制解调、具有前向纠错、均衡软判决等功能的一种无线数据传输电台。数传电台的工作频率大多使用220～240MHz或400～470MHz频段,具有数话兼容、数据传输实时性好、专用数据传输通道、一次投资、没有运行使用费、适用于恶劣环境、稳定性好等优点。数传电台的有效覆盖半径约有几十公里,可以覆盖一个城市或一定的区域。数传电台通常提供标准的RS-232数据接口,可直接与计算机、数据采集器、RTU、PLC、数据终端、GPS接收机、数码相机等连接。数传电台已经在各行业取得广泛的应用,在航空航天、铁路、电力、石油、气象、地震等各个行业均有应用,在遥控、遥测、遥信、遥感等数据采集与监视控制系统领域也取得了长足的进步和发展。

(3)扩频微波通信。

扩频通信,即扩展频谱通信技术(Spread Spectrum Communication),是指其传输信息所用信号的带宽远大于信息本身带宽的一种通信技术。最开始用于军事保密通信和电子对抗系统。它传输的基本原理是,将所传输的信息用伪随机码序列(扩频码)进行调制,伪随机码的速率远大于传送信息的速率,这时发送信号所占据带宽远大于信息本身所需的带宽,实现了频谱扩展,同时发射到空间的无线电功率谱密度也有大幅度降低。在接收端,则采用相同的扩频码进行相关解调并恢复信息数据。它的主要特点包括:

①抗噪声能力极强。

②抗干扰能力极强。

③抗衰落能力强。

④抗多径干扰能力强。

⑤易于多媒体通信组网。

⑥具有良好的安全通信能力。

⑦不干扰同类的其他系统。

扩频通信同时具有传输距离远、覆盖面广等特点,特别适合野外联网应用。

扩频通信工作原理如图6-5所示。

(4)无线网桥。

无线网桥是无线射频技术和传统的有线网桥技术相结合的产物。无线网桥是为使用无线(微波)进行远距离数据传输的点对点网间互联而设计。它是一种在链路层实现LAN互联的存储转发设备,工作在2.4G或5.8G的免申请无线执照的频段,可用于固定数字设备与其他固定数字设备之间的远距离(可达50km)、高速(可达每秒百兆位)无线组网。

无线网桥传输标准常采用802.11b或802.11g、802.11a和802.11n标准,802.11b标准的数据速率是11Mb/s,在保持足够的数据传输带宽的前提下,802.11b通常能够提供4Mb/s到6Mb/s的实际数据速率,而802.11g、802.11a标准的无线网桥都具备54Mb/s的传输带宽,其实际数据速率可达802.11b的5倍左右,目前通过Turb和Super模式最高可达108Mb/s的传输带宽;802.11n通常可以提供150～600Mb/s的传输速率。

无线网桥可应用于施工码头、港口码头、河道水库、平安城市、油田、工程厂区、电力工程、驾校场地等。

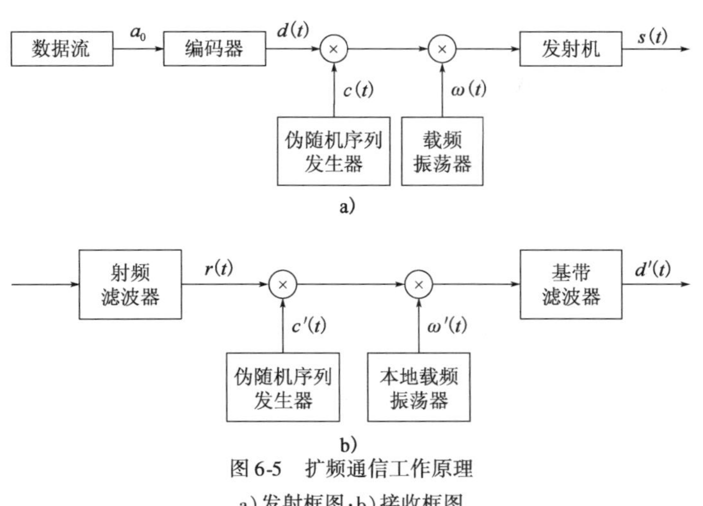

图6-5　扩频通信工作原理

a)发射框图;b)接收框图

无线网桥通信如图6-6所示。

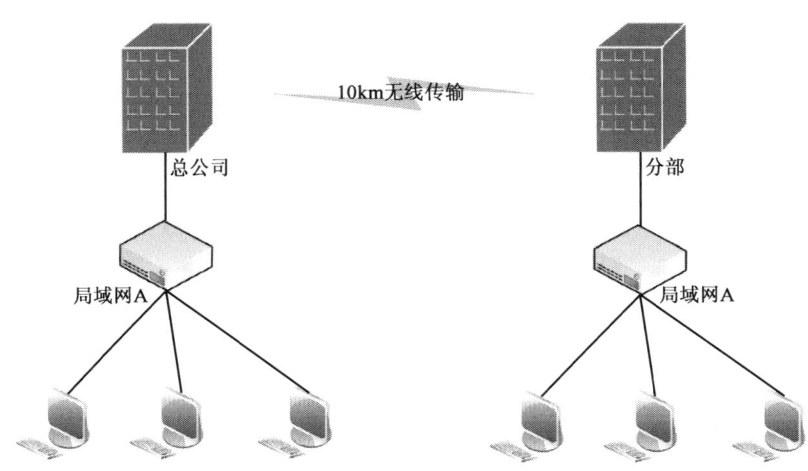

图6-6　无线网桥通信

(5)卫星通信。

卫星通信是指利用人造地球卫星作为中继站来转发无线电信号,从而实现在多个地面站之间进行通信的一种技术,它是地面微波通信的继承和发展(图6-7)。卫星通信系统通常由两部分组成,分别是卫星端、地面端。卫星端在空中,主要用于将地面站发送的信号放大再转发给其他地面站。地面站主要用于对卫星的控制、跟踪以及实现地面通信系统接入卫星通信系统。

卫星可分为同步卫星和非同步卫星,同步卫星在空中的运行方向和周期与地球的自转方向及周期相同,从地面的任何位置看,该卫星都是静止不动的;非同步卫星的运行周期大于或小于地球的运行周期,其轨道高度"倾角"形状都可根据需要调整。

卫星通信的特点包括覆盖范围广、工作频带宽、通信质量好、不受地理条件限制、成本与通信距离无关等。主要用在国际通信、国内通信、军事通信、移动通信和广播电视等领域,卫星通信的主要缺点是通信具有一定的延迟,比如打卫星电话时,不能立即听到对方回话,导致延迟的主要原因是卫星通信的传输距离较长，无线电波在空中传输是有一定的延迟。

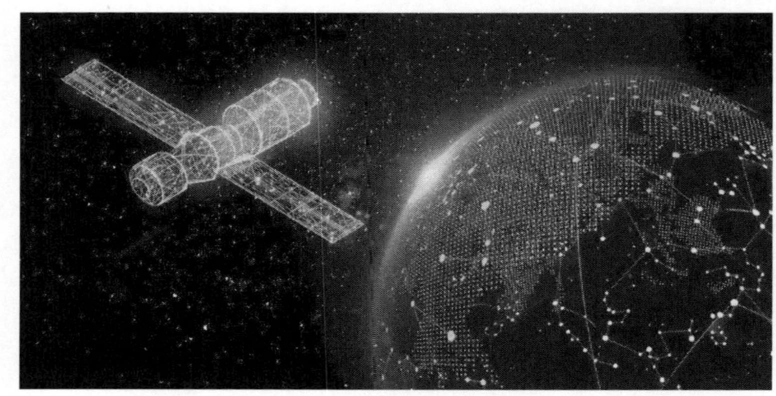

图6-7　卫星通信

(6)短波通信。

按照国际无线电咨询委员会的划分，短波是指波长100～10m，频率范围3～30MHz的电磁波。短波通信是指利用短波进行的无线电通信，又称高频(HF)通信。短波通信可分为地波传播和天波传播。地波传播的衰耗随工作频率的升高而递增，在同样的地面条件下，频率越高、衰耗越大。利用地波只适用于近距离通信，其工作频率一般选在5MHz以下。地波传播受天气影响小，比较稳定，信道参数基本不随时间变化，故信道可视为恒参信道。天波传播是无线电波经电离层反射来进行远距离通信的方式，倾斜投射的电磁波经电离层反射后，可以传到几千公里外的地面。天波的传播损耗比地波小得多，经地面与电离层之间多次反射之后，可以达到极远的地方，因此，利用天波可以进行环球通信。天波传播因受电离层变化和多径传播的严重影响极不稳定，其信道参数随时间而急剧变化，因此称为变参信道。短波通信的特点主要包括建设维护费用低、周期短、设备简单、电路调度容易、抗毁能力强、频段窄、通信容量小、天波信道信号传输稳定性差等。

短波通信应用如图6-8所示。

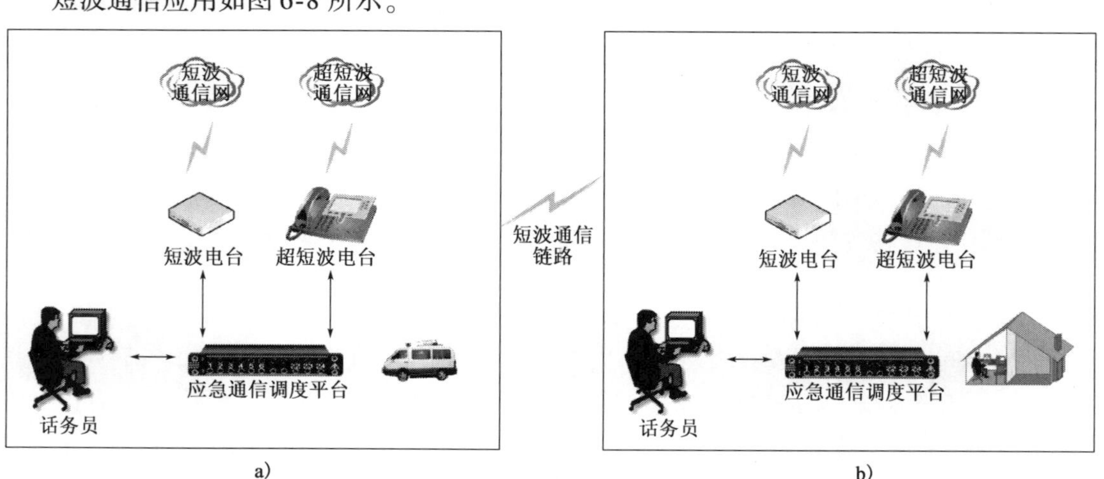

图6-8　短波通信应用

a)应急指挥通信车；b)应急指挥中心

(7)远距离无线通信参数对比。

表6-2所示为5G、数传电台、扩频微波、无线网桥、卫星通信、短波通信六类远距离无线通信技术的参数对比。

近距离无线通信参数对比　　表6-2

名　称	基于的标准/技术	传输距离	传输速率	工作频率
5G	3GPP组织Release计划	100~300m	10Gb/s	24~32GHz
数传电台	DPMR标准	几十公里	19.2kb/s	25~1000Hz
扩频微波	802.3	15~20km	64kb/s~2Mb/s	2.4GHz/3.5GHz/5.8GHz
无线网桥	802.11b或802.11g、802.11a和802.11n	50km	100b/s	2.4GHz或5.8GHz
卫星通信	国际卫星通信组织Intelsat系列	13000km	几十兆位至120Mb/s	1~10GHz
短波通信	美军军标MIL-STD-188-141B	100~10m	64kb/s	3~30MHz

6.3　全球卫星导航系统

全球卫星导航系统(the Global Navigation Satellite System),也称为全球导航卫星系统,是利用导航卫星所建立的覆盖全球的全天候无线电导航系统。它已经在航空、航海、通信、人员跟踪、消费娱乐、测绘、授时、车辆监控管理和汽车导航与信息服务等方面广泛使用,发展趋势是为实时应用提供高精度服务。

目前,全球较为成熟的卫星导航系统包括美国全球定位系统(GPS)、俄罗斯格洛纳斯卫星导航系统(GLONASS)、欧洲伽利略卫星导航系统(Galileo Satellite Navigation System)和中国北斗卫星导航系统(BeiDou Navigation Satellite System),区域系统主要包括日本的准天顶卫星系统(QZSS)和印度区域导航卫星系统(IRNSS)。增强系统主要包括美国联邦航空局的广域扩充系统(WAAS)、日本的多功能卫星增强系统(MSAS)、欧洲的星基导航增强系统(EGNOS)、印度的辅助型静地轨道增强导航系统(GAGAN)和尼日利亚通信卫星(NIGCOMSAT-1),如图6-9所示。

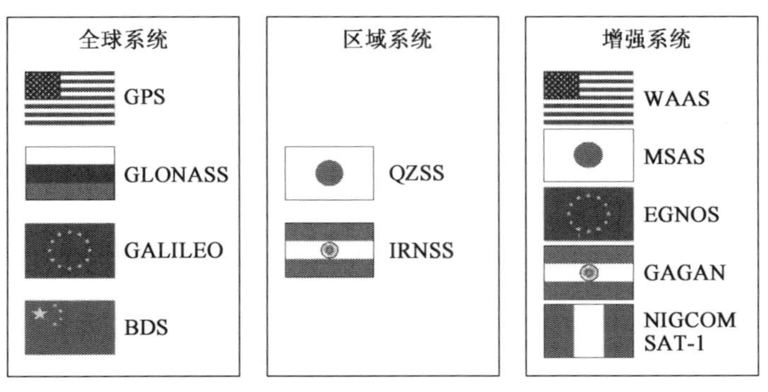

图6-9　全球卫星导航系统

6.3.1 国外卫星导航系统

6.3.1.1 GPS

美国全球定位系统(GPS)是以全球24颗定位人造卫星为基础,向全球各地全天候地提供三维位置、三维速度等信息的一种无线电导航定位系统。它由三部分构成,一是地面控制部分,由主控站、地面天线、监测站及通信辅助系统组成;二是空间部分,由24颗卫星组成,分布在6个轨道平面;三是用户装置部分,由GPS接收机和卫星天线组成。民用的定位精度可达10m内。

GPS具有全球全天候定位、定位精度高、观测时间短、测站间无须通视、仪器操作简单、可提供全球统一的三维地心坐标等特点。

(1)全球全天候定位。

GPS卫星的数目较多,且分布均匀,保证了地球上任何地方任何时间至少可以同时观测到4颗GPS卫星,确保实现全球全天候连续的导航定位服务。

(2)定位精度高。

应用实践已经证明,GPS相对定位精度在50km以内可达10^{-6}m,100~500km可达10^{-7}m,1000km可达10^{-9}m。在300~1500m工程精密定位中,1h以上观测时,其平面位置误差小于1mm,与ME-5000电磁波测距仪测定的边长比较,其边长校差最大为0.5mm,校差中误差为0.3mm。

实时单点定位(用于导航):P码1~2m;C/A码5~10m。

实时伪距差分(RTD):精度达分米级。

实时相位差分(RTK):精度达1~2cm。

(3)观测时间短。

随着GPS系统的不断完善、软件的不断更新,20km以内相对静态定位,仅需15~20min;快速静态相对定位测量时,当每个流动站与基准站相距在15km以内时,流动站观测时间只需1~2min;采取实时动态定位模式时,每站观测仅需几秒。因而使用GPS技术建立控制网,可以大大提高作业效率。

(4)测站间无须通视。

GPS测量只要求测站上空开阔,不要求测站之间互相通视,因而不再需要建造觇标。这一优点既可大大减少测量工作的经费和时间(一般造标费用占总经费的30%~50%),同时也使选点工作变得非常灵活,也可省去经典测量中的传算点、过渡点的测量工作。

(5)仪器操作简便。

随着GPS接收机的不断改进,GPS测量的自动化程度越来越高。在观测中测量员只需安置仪器,连接电缆线,量取天线高,监视仪器的工作状态,而其他观测工作,如卫星的捕获、跟踪观测和记录等均由仪器自动完成。结束测量时,仅需关闭电源,收好接收机,便完成了野外数据采集任务。

如果在一个测站上需做长时间的连续观测,还可以通过数据通信方式,将所采集的数据传送到数据处理中心,实现全自动化的数据采集与处理。另外,接收机体积也越来越小,相应的重量也越来越轻,极大地减轻了测量工作者的劳动强度。

(6)可提供全球统一的三维地心坐标。

GPS 测量可同时精确测定测站平面位置和大地高程。GPS 水准可满足四等水准测量的精度,另外,GPS 定位是在全球统一的 WGS-84 坐标系统中计算的,因此全球不同地点的测量成果是相互关联的。

GPS 的应用都是基于空间位置服务、时间服务开展的。

①定位:汽车防盗、地面车辆跟踪和紧急救生等。

②导航:船舶远洋导航和进港引航、飞机航路引导和进场降落、智能交通、汽车自主导航及导弹制导等。

③测量:水下地形测量、地壳形变测量、大坝和大型建筑物变形监测、道路拥堵情况等。

④系统同步:CDMA 通信系统、电力系统等。

⑤授时:准确时间的授入、准确频率的授入等。

6.3.1.2　GLONASS

俄罗斯格洛纳斯卫星导航系统(Global Navigation Satellite System,GLONASS)最早开发于苏联时期,后由俄罗斯继续该计划。俄罗斯于 1993 年开始独自建立本国的全球卫星导航系统。该系统于 2007 年开始运营,当时只开放俄罗斯境内卫星定位及导航服务。到 2009 年,其服务范围已经拓展到全球。

GLONASS 与 GPS 一样可为全球海陆空以及近地空间的各种用户提供全天候、连续提供高精度的各种三维位置、三维速度和时间信息(PVT 信息),这样不仅为海军舰船、空军飞机、陆军坦克、装甲车、炮车等提供精确导航;也在精密导弹制导、C3I 精密敌我态势产生、部队准确的机动和配合、武器系统的精确瞄准等方面广泛应用。另外,卫星导航在大地和海洋测绘、邮电通信、地质勘探、石油开发、地震预报、地面交通管理等各种国民经济领域有越来越多的应用。GLONASS 的出现,打破了美国对卫星导航独家垄断的地位,消除了美国利用 GPS 施以主权威慑给用户带来的后顾之忧,GPS/GLONASS 兼容使用可以提供更好的精度几何因子,消除 GPS 的 SA 影响,从而提高定位精度。

GLONASS 星座由 27 颗工作星和 3 颗备份星组成,所以 GLONASS 星座共由 30 颗卫星组成。它们分布在 6 个等间距的轨道平面上,轨道面相对赤道的夹角为 55°,每个轨道面上有 4 颗工作卫星,卫星的轨道接近圆形,轨道高度为 2.01836 万 km,周期约 12h。GPS 能覆盖全球,用户数量不受限制。其所发射的信号编码有精码与粗码。精码保密,主要提供给本国和盟国的军事用户使用;粗码提供给本国民用和全世界使用。精码给出的定位信息比粗码的精度高。GPS 系统能够连续、适时、隐蔽地定位,一次定位时间仅几秒到十几秒,用户不发射任何电磁信号,只要接收卫星导航信号即可定位,所以可全天候昼夜作业,隐蔽性好。

6.3.1.3　欧洲伽利略卫星导航系统

伽利略卫星导航系统(Galileo Satellite Navigation System)是由欧盟主导的新一代民用全球卫星导航系统,耗资超过 30 亿欧元。系统由两个地面控制中心和 30 颗卫星组成,其中 27 颗为工作卫星,3 颗为备用卫星。卫星轨道高度约 2.4 万 km,位于 3 个倾角为 56°的轨道平面内。

世界范围内使用的导航定位系统主要是美国的 GPS 系统,欧洲认为这并不安全。为了建立欧洲自己控制的民用全球卫星导航系统,欧洲决定实施伽利略计划。伽利略系统的构建计划最早在 1999 年欧盟委员会的一份报告中提出,经过多方论证后,于 2002 年 3 月正式启动。系统建成的最初目标是 2008 年,但由于技术等问题,延长到了 2011 年。2010 年初,欧盟委员会再次宣布,伽利略系统将推迟到 2014 年投入运营。

与美国的 GPS 系统相比,伽利略系统更先进,也更可靠。美国 GPS 向别国提供的卫星信号,只能发现地面大约 10m 长的物体,而伽利略的卫星则能发现 1m 长的目标。一位军事专家形象地比喻说,GPS 系统只能找到街道,而伽利略系统则可找到家门。

伽利略计划对欧盟具有关键意义,它不仅能使人们的生活更加方便,还将为欧盟的工业和商业带来可观的经济效益。更重要的是,欧盟将从此拥有自己的全球卫星导航系统,有助于打破美国 GPS 导航系统的垄断地位,从而在全球高科技竞争浪潮中获取有利位置,并为将来建设欧洲独立防务创造条件。

作为欧盟主导项目,伽利略计划并没有排斥外国的参与,中国、韩国、日本、阿根廷、澳大利亚、俄罗斯等国也参与该计划,并向其提供资金和技术支持。

6.3.2 中国北斗卫星导航系统

中国北斗卫星导航系统(BeiDou Navigation Satellite System,BDS)是中国着眼于国家安全和经济社会发展需要,自主建设、独立运行的卫星导航系统,是为全球用户提供全天候、全天时、高精度的定位、导航、授时和短报文服务的国家重要空间基础设施。是继 GPS、GLONASS、Galileo Satellite Navigation System 之后第四个成熟的卫星导航系统。

北斗卫星导航系统由空间段、地面段和用户段三部分组成,可在全球范围内全天候、全天时为各类用户提供高精度、高可靠定位、导航、授时服务,并具短报文通信能力,已经初步具备区域导航、定位和授时能力,定位精度 10m,测速精度 0.2m/s,授时精度 10ns。

20 世纪后期,我国开始探索适合中国国情的卫星导航系统发展道路,逐步形成了三步走发展战略:2000 年底,建成北斗一号系统,向中国提供服务;2012 年底,建成北斗二号系统,向亚太地区提供服务;计划在 2020 年前后,建成北斗全球系统,向全球提供服务。2035 年前还将建设完善更加泛在、更加融合、更加智能的综合时空体系。

随着北斗系统建设和服务能力的发展,相关产品已广泛应用于交通运输、海洋渔业、水文监测、气象预报、测绘地理信息、森林防火、通信时统、电力调度、救灾减灾、应急搜救等领域,逐步渗透到人类社会生产和人们生活的方方面面,为全球经济和社会发展注入新的活力。

6.3.2.1 北斗一号系统

北斗一号系统是北斗系统发展的第一阶段,针对中国的国家需求,根据中国的现实国情,采用双星有源定位方式建立起来的区域卫星导航定位系统。北斗一号系统于 1994 年立项,2003 年系统建成并提供服务。

(1)早期探索。

中国研制导航卫星的愿望开始于 20 世纪 60 年代。1965 年 1 月 8 日,钱学森向国防部国防科学技术委员会(国防科委)提交了名为《研制卫星打算》的报告,报告中建议发展导航卫星,指出“通过卫星发射的无线电信标,舰艇可以利用信标的多普勒频移来测量自己的位置,并减少位置误差 160m,这是潜艇发射弹道导弹的必要举措”。1963 年前后,国防部五院收集整理了有关美国“子午仪”导航卫星的相关资料。1966 年 2 月,中国科学院制定的《发展中国人造卫星事业的十年规划》中提出,研制和发射一颗导航卫星用于潜艇导航,并将其作为第二优先开发的卫星。

当时,中国正在努力发展导弹潜艇,而定位与导航对于潜艇来说至关重要。1967 年下半年,海军司令部提出了发展导航卫星的建议。1968 年 7 月,海军向中央军委提交了《关于开发与建设潜艇的指挥、通信和导航系统》的报告,其中提到卫星通信和导航系统的应用。1969 年初,在国防科委的主持下,海军司令部主办了导航卫星的战术运用需求的讨论会。同年 3 月,国防科委发布卫星工程演示任务,代号“691 工程”。同年 7 月,在科协主办的讨论会上,国防科委和第七机械工业部对卫星导航系统的初步方案进行探讨。方案决定采用有三个卫星的网络,利用双频多普勒进行速度测量,其覆盖范围从 80°N 到 80°S。导航和定位精度为 200m,定位间隔时间为 4h。卫星计划寿命为 1.5 ~2 年,轨道的近地点约 500km,倾角 70°,质量约 200kg。1970 年 11 月,论证工作基本结束,项目被命名为灯塔一号。1972—1979 年,灯塔一号先后完成了模型星、初样星、热控星、结构星、电性星的模装与试验。1980 年 12 月 31 日,国防科委决定撤销对灯塔一号卫星的进一步开发工作。

(2)“双星定位”设想提出。

20 世纪 80 年代,中国航天领域的一些科学家再次提出开发导航卫星的问题。但是 GPS 和 GLONASS 为满足全球、全时间工作,至少需要 18 颗卫星,系统极为复杂,建设周期长,预算昂贵,而且没有通信功能,用户位置的反馈报告还需要配套移动通信系统作支撑,而中国当时的经济状况无法支持这样大的投入。

1965 年,陈芳允参与了“东方红一号”卫星的研制,作为卫星测量、控制的总体技术负责人,确定了“东方红一号”卫星的测定方案,其后的数十年间,陈芳允负责了卫星地面测控网、通信卫星、返回式遥感卫星的测控系统方案设计等数十颗卫星的测控任务研究。1983 年,陈芳允对北京跟踪与通信技术研究所刘志逵表示,能否考虑充分发挥地球同步静止轨道通信卫星的作用,让它为国防和国民经济服务。刘志逵在经过仔细计算后发现,利用两颗卫星,“通过已知的地球半径和高程测量出卫星与目标间的距离,以此进行定位”,在原理上是可行的。

(3)项目预研与演示试验。

1985 年,在一次 GPS 国际运用研讨会上,美国军方表示可以通过变换编码、区域性管理等手段限制 GPS 的使用,以保证美国国家安全。参会的总参测绘局局长卜庆君针对这一情况,表示“对于国外卫星导航系统的发展和应用要跟踪研究,与此同时要发展中国自己的卫星导航系统。”

1985 年 4 月,陈芳允在南京紫金山天文台召开的测地会议上作了关于利用两颗卫星就可以解决地面定位问题的演讲,再次提出了“双星定位通信系统”。在发言中,陈芳允将双星定位通信系统与 GPS 和 GLONASS 进行比较,认为:“美、苏的卫星系统具有导航定位能力,但精度还不算高,无通信功能,又都需要多颗卫星才可实现”。而双星定位通信系统仅采用两颗地球同步静止轨道卫星,卫星数量少、覆盖区域大,同时具有定位、定时、通信功能,精度也更高。

在了解和掌握陈芳允双星定位的理论研究成果后，1986 年 3 月，卜庆君请求启动双星定位系统研究。一个月后，可行性论证会召开，开始进行前期论证工作，包括理论推演和 17 项重大原始试验专项。1987 年 6 月，陈芳允、刘志逵等人发表题为《发展我国的星基定位通信系统》的论文，系统论述了双星快速定位通信系统的设想、系统性能和应用，在理论上证明了双星快速定位通信系统的可行性。

1989 年 9 月 25 日，首次“双星快速定位通信系统”的演示试验在北京进行。演示系统的组成与配置包括地面控制中心、用户站与卫星测轨站、空间卫星转发器。其中，地面中心控制站和用户站均配置在北京沙河卫星通信站，三个卫星测轨站分别配置在河北怀柔、广西南宁、新疆马兰。演示试验的内容主要包括：①卫星定轨方法及卫星定位精度试验；②快速定位、站间通信、授时定时三大功能的演示；③定位种类、定时方法与相应的精度试验。

演示试验结果为：定位精度 20 ~ 30m(1σ)；双向定时精度 3 ~ 6ns(1σ)，定时准确度 20ns(1σ)；单向定时的系统误差≤100ns(3σ)，随机误差 < 20ns(1σ)；并在南宁与沙河、南宁与怀柔之间顺利地进行了站间简短报文通信。

1989 年 9 月 26 日，新华社以《我国卫星通信技术有突破：首次双星快速定位通信演示成功》为题报道了此次演示试验，并发表评论“利用两颗卫星将快速定位、通信和定时一体化并获得理想的实验数据，这在国际上还是首次，快速定位精度达到了国际先进水平。这项卫星应用尖端技术，标志着中国独立开发利用卫星通信资源有了新的突破。”

(4)工程建设。

1993 年，演示试验成功后，双星定位试验系统正式列入国家“九五”计划。但卫星研制经费紧张，制约了项目发展。经过协商，将另两个已经立项的卫星项目中各一个备用星的经费转借给北斗两颗定位导航卫星，从而解决了立项的经费难题。北斗导航试验系统项目的副总设计师谭述森回忆说，“我们与两个卫星计划团队多次协商。如果成功发射卫星后，您将不再需要备份卫星了。如果您失败了，您还得继续找问题，所以您只要先把它借给我们”。在此之后，北斗项目不需要资金的独立分配，北斗一号系统被正式批准立项。

北斗导航试验系统设计由空间、地面和用户三部分组成。其中，空间部分包含三颗地球同步静止轨道卫星，两颗分别位于 80°E 和 140°E；备份星位于 110.5°E。地面部分包括中央控制站，三个地面跟踪站和地面校正站。用户段为各类接收/发射终端。中央控制站将经由两个卫星发送询问信号给用户。当用户终端接收到一个卫星信号时，它会向两个卫星发回一个响应信号。然后，中央站可以计算基于两个信号之间的时间差的用户的二维位置，并将其与存储在数据库中，以获得三维位置数据的数字区域图，随后以加密的形式发送回用户进行比较。用户还可以向中心站通过卫星传输最多 120 字的加密短信。

北斗卫星在起步阶段就遇到了载荷平台问题。最初选定的北斗卫星载荷平台是中国当时卫星技术比较成熟的东方红二号平台，但后来在研发过程中发现，东方红二号卫星平台在载荷重量等多个技术方面都无法满足北斗卫星的设计要求。虽然东方红三号卫星平台技术之前出现过故障，但最后还是采用了东方红三号卫星平台解决这个问题。

由于当时中国卫星技术相对落后，很多部件都是进口的，欧美等国家和地区对中国进行了技术封锁和产品限制，这迫使中国加强技术的独立研发与制造，经过数年攻坚，中国逐步掌握了太阳能帆板、原子钟技术等多项关键技术，提升了系统的自主独立性。

1999 年 10 月，中国空间技术研究院院长徐福祥在介绍了 21 世纪初空间技术研究院的主要任务时表示“要加速发展导航卫星”“研制一种由两颗地球静止轨道卫星组成的双星导航定位系统”。这表明导航卫星的发展进入大跨步阶段。

在经过 7 年的项目研究和工程建设后，2000 年 10 月 31 日和 12 月 21 日，中国成功发射了第一颗和第二颗北斗导航试验卫星。2 颗卫星的成功运行标志着中国“第一代卫星导航定位系统”正式建立。2003 年 5 月 25 日，第三颗北斗卫星发射成功；6 月 1 日，“北斗运营服务平台”正式开通；12 月 15 日，北斗导航试验系统正式开放服务。北斗导航试验系统覆盖区域为 70°E ~ 145°E，5°N ~ 55°N，主要服务于中国的军事用户和海上船只。

6.3.2.2　北斗最新进展

北斗卫星导航系统是中国着眼于国家安全和经济社会发展需要，自主建设、独立运行的卫星导航系统，是为全球用户提供全天候、全天时、高精度的定位、导航和授时服务的国家重要空间基础设施。

北斗卫星导航系统用户终端具有双向报文通信功能，可以一次传送 120 个汉字的短报文信息。系统具有精密授时功能，可向用户提供 20 ~ 100ns 时间同步精度。系统容纳的最大用户数为每小时 540000 户。

2017 年 11 月 5 日，中国第三代导航卫星顺利升空，它标志着中国正式开始建造北斗全球卫星导航系统。2018 年 12 月 27 日，北斗系统服务范围由区域扩展为全球，北斗系统正式迈入全球时代。

(1) 最新进展。

北斗一号卫星共包括 4 颗卫星，分别为北斗-1A、北斗-1B、北斗-1C 和北斗-1D，目前都已退役，原 RDSS 业务由北斗二号卫星接替。

北斗全球系统空间段由 5 颗地球静止轨道卫星和 30 颗非静止地球轨道卫星组成，到 2012 年底时已发射了 16 颗北斗二号卫星，于 2012 年 12 月 27 日宣布在亚太地区提供连续的、免费的导航定位和授时服务，这标志着北斗系统（一期）区域星座卫星部署完毕。

北斗二号系统运行多年后，于 2015 年起开启全球星座体制验证等工作，发射了 5 颗北斗卫星，称之为新一代北斗导航卫星。

截至 2020 年 6 月 23 日，我国累计发射北斗导航卫星 55 颗，至此北斗三号全球卫星导航系统星座部署全面完成，发射历程如表 6-3 所示。

北斗卫星发射列表　　表 6-3

<table>
<tr><th>发射时间</th><th>火　箭</th><th>卫星编号</th><th>类型</th><th>地点</th></tr>
<tr><td>2000 年 10 月 31 日</td><td></td><td>北斗-1A</td><td rowspan="4">北斗一号</td><td rowspan="7">西昌</td></tr>
<tr><td>2000 年 12 月 21 日</td><td></td><td>北斗-1B</td></tr>
<tr><td>2003 年 5 月 25 日</td><td></td><td>北斗-1C</td></tr>
<tr><td>2007 年 2 月 3 日</td><td></td><td>北斗-1D</td></tr>
<tr><td>2007 年 4 月 14 日 4 时 11 分</td><td>长征三号甲</td><td>第一颗北斗导航卫星（M1）</td><td rowspan="3">北斗二号</td></tr>
<tr><td>2009 年 4 月 15 日</td><td rowspan="2">长征三号丙</td><td>第二颗北斗导航卫星（G2）</td></tr>
<tr><td>2010 年 1 月 17 日</td><td>第三颗北斗导航卫星（G1）</td></tr>
</table>

续上表

发射时间	火箭	卫星编号	类型	地点
2010年6月2日	长征三号丙	第四颗北斗导航卫星(G3)	北斗三号	西昌
2010年8月1日5时30分	长征三号甲	第五颗北斗导航卫星(I1)		
2010年11月1日0时26分	长征三号丙	第六颗北斗导航卫星(G4)		
2010年12月18日4时20分	长征三号甲	第七颗北斗导航卫星(I2)		
2011年4月10日4时47分	长征三号甲	第八颗北斗导航卫星(I3)		
2011年7月27日5时44分	长征三号甲	第九颗北斗导航卫星(I4)		
2011年12月2日5时07分	长征三号甲	第十颗北斗导航卫星(I5)		
2012年2月25日0时12分	长征三号丙	第十一颗北斗导航卫星		
2012年4月30日4时50分	长征三号乙	第十二、十三颗系统组网卫星		
2012年9月19日3时10分	长征三号乙	第十四、十五颗系统组网卫星		
2012年10月25日23时33分	长征三号丙	第十六颗北斗导航卫星		
2015年3月30日21时52分	长征三号丙	第十七颗北斗导航卫星		
2015年7月25日20时29分	长征三号乙	第十八、十九颗北斗导航卫星		
2015年9月30日7时13分	长征三号乙	第二十颗北斗导航卫星		
2016年2月1日15时29分	长征三号丙	第二十一颗北斗导航卫星		
2016年3月30日4时11分	长征三号甲	第二十二颗北斗导航卫星(备份星)		
2016年6月12日23时30分	长征三号丙	第二十三颗北斗导航卫星(备份星)		
2017年11月5日19时45分	长征三号乙	第二十四、二十五颗北斗导航卫星		
2018年7月10日4时58分	长征三号甲	第三十二颗北斗导航卫星(备份星)		
2018年1月12日7时18分	长征三号乙	第二十六、二十七颗北斗导航卫星		
2018年2月12日12时03分	长征三号乙	第二十八、二十九颗北斗导航卫星		
2018年3月30日1时56分	长征三号乙	第三十、三十一颗北斗导航卫星		
2018年7月29日9时48分	长征三号乙	第三十三、三十四颗北斗导航卫星		
2018年8月25日7时52分	长征三号乙	第三十五、三十六颗北斗导航卫星		
2018年9月19日22时07分	长征三号乙	第三十七、三十八颗北斗导航卫星		
2018年10月15日12时23分	长征三号乙	第三十九、四十颗北斗导航卫星		
2018年11月1日23时57分	长征三号乙	第四十一颗北斗导航卫星		
2018年11月19日2时7分	长征三号乙	第四十二、四十三颗北斗导航卫星		
2019年4月20日22时41分	长征三号乙	第四十四颗北斗导航卫星		
2019年5月17日23时48分	长征三号丙	第四十五颗北斗导航卫星		
2019年6月25日2时09分	长征三号乙	第四十六颗北斗导航卫星		
2019年9月23日5时10分	长征三号乙	第四十七、四十八颗北斗导航卫星		
2019年11月5日1时43分	长征三号乙	第四十九颗北斗导航卫星		
2019年11月23日8时55分	长征三号乙	第五十、五十一颗北斗导航卫星		
2019年12月16日15时22分	长征三号乙	第五十二、五十三颗北斗导航卫星		
2020年3月9日19时55分	长征三号乙	第五十四颗北斗导航卫星		
2020年6月23日9时43分	长征三号乙	第五十五颗北斗导航卫星		

(2)定位原理。

35 颗卫星在离地面 2 万多千米的高空上,以固定的周期环绕地球运行,使得在任意时刻,在地面上的任意一点都可以同时观测到 4 颗以上的卫星。

由于卫星的位置精确可知,在接收机对卫星观测中,可得到卫星到接收机的距离,利用三维坐标中的距离公式,利用 3 颗卫星,就可以组成 3 个方程式,解出观测点的位置(X,Y,Z)。考虑到卫星的时钟与接收机时钟之间的误差,实际上有 4 个未知数,X、Y、Z 和钟差,因而需要引入第 4 颗卫星,形成 4 个方程式进行求解,从而得到观测点的经纬度和高程。

事实上,接收机往往可以锁住 4 颗以上的卫星,这时,接收机可按卫星的星座分布分成若干组,每组 4 颗,然后通过算法挑选出误差最小的一组用作定位,从而提高精度。

卫星定位实施的是"到达时间差"(时延)的概念:利用每一颗卫星的精确位置和连续发送的星上原子钟生成的导航信息获得从卫星至接收机的到达时间差。

卫星在空中连续发送带有时间和位置信息的无线电信号,供接收机接收。由于传输的距离因素,接收机接收到信号的时刻要比卫星发送信号的时刻延迟,通常称之为时延,因此,也可以通过时延来确定距离。卫星和接收机同时产生同样的伪随机码,一旦两个码实现时间同步,接收机便能测定时延;将时延乘上光速,便能得到距离。

每颗卫星上的计算机和导航信息发生器非常精确地了解其轨道位置和系统时间,而全球监测站网保持连续跟踪卫星的轨道位置和系统时间。位于地面的主控站与其运控段一起,至少每天一次对每颗卫星注入校正数据。注入数据包括:星座中每颗卫星的轨道位置测定和星上时钟的校正。这些校正数据是在复杂模型的基础上算出的,可在几个星期内保持有效。

卫星导航系统时间是由每颗卫星上原子钟的铯和铷原子频标保持的。这些星钟一般来讲精确到世界协调时(UTC)的几纳秒以内,UTC 是由美国海军观象台的"主钟"保持的,每台主钟的稳定性为若干个 10 ~ 13s。卫星早期采用两部铯频标和两部铷频标,后来逐步改变为更多地采用铷频标。通常,在任一指定时间内,每颗卫星上只有一台频标在工作。

卫星导航原理:卫星至用户间的距离测量是基于卫星信号的发射时间与到达接收机的时间之差,称为伪距。为了计算用户的三维位置和接收机时钟偏差,伪距测量要求至少接收来自 4 颗卫星的信号。

由于卫星运行轨道、卫星时钟存在误差,大气对流层、电离层对信号的影响,使得民用的定位精度只有数十米量级。为提高定位精度,普遍采用差分定位技术(如 DGPS、DGNSS),建立地面基准站(差分台)进行卫星观测,利用已知的基准站精确坐标,与观测值进行比较,从而得出一修正数,并对外发布。接收机收到该修正数后,与自身的观测值进行比较,消去大部分误差,得到一个比较准确的位置。试验表明,利用差分定位技术,定位精度可提高到米级。

(3)定位精度。

北斗卫星导航系统定位效果分析是导航系统性能评估的重要内容。美国的 GPS 分为两个级别,民用级别和军用级别。民用级别对全球开放,军用级别只对少部分国家开放,如北约国家。美国 GPS 民用级别的精准度是 10m,军用精准度是 0.3m。

如果单纯讨论卫星导航的精准度,北斗系统民用精准度要比 GPS 高,GPS 是 10m 级别,北斗是 5m 级别。但是,北斗系统军用级别的精准度,相比 GPS 稍有不如,北斗军用级别的精准度是 0.5m 级别。

北斗系统除了卫星，还有地面信号增强基站。北斗系统作为后研发的系统，针对 GPS 的优缺点，进行扬长避短，专门开发了一套强大的地面信号增强系统。北斗的卫星系统和地面信号增强系统结合起来，大大提高了导航的精准度。

北斗的卫星系统和地面信号增强系统结合之后，导航的精准度可以达到厘米级别。相关资料显示，上汽的智能重型载货汽车运用北斗精准导航，做到误差仅仅 ±3cm。现在国内很多城市的公交系统都在运用北斗系统对公交车进行精准的监控，大大降低了公交车的定位误差。

(4)发展特色。

北斗系统的建设实践，实现了在区域快速形成服务能力、逐步扩展为全球服务的发展路径，丰富了世界卫星导航事业的发展模式。

北斗系统具有以下特点：一是北斗系统空间段采用三种轨道卫星组成的混合星座，与其他卫星导航系统相比高轨卫星更多，抗遮挡能力强，尤其低纬度地区性能特点更为明显。二是北斗系统提供多个频点的导航信号，能够通过多频信号组合使用等方式提高服务精度。三是北斗系统创新融合了导航与通信能力，具有实时导航、快速定位、精确授时、位置报告和短报文通信服务五大功能。

6.3.2.3 北斗应用领域

北斗卫星导航系统在基础产品、交通领域、农业、林业、渔业、公安、防灾减灾、特殊关爱、公众、电力、金融等领域得到了广泛应用。

(1)基础产品。

北斗卫星导航芯片、模块、天线、板卡等基础产品，是北斗系统应用的基础。通过卫星导航专项的集智攻关，我国实现了卫星导航基础产品的自主可控，形成了完整的产业链，逐步应用到国民经济和社会发展的各个领域。伴随着互联网、大数据、云计算、物联网等技术的发展，北斗基础产品的嵌入式、融合性应用逐步加强，产生了显著的融合效益。

(2)交通领域。

交通运输是国民经济、社会发展和人民生活的命脉，北斗卫星导航系统是助力实现交通运输信息化和现代化的重要手段，对建立畅通、高效、安全、绿色的现代交通运输体系具有十分重要的意义。

主要包括陆地应用，如车辆自主导航、车辆跟踪监控、车辆智能信息系统、车联网应用、铁路运营监控等；航海应用，如远洋运输、内河航运、船舶停泊与入坞等；航空应用，如航路导航、机场场面监控、精密进近等。随着交通的发展，高精度应用需求加速释放。

(3)农业。

中国是农业大国，北斗卫星导航技术结合遥感、地理信息等技术，使得传统农业向智慧农业加快发展，显著降低了生产成本，提升了劳动生产率，提高了劳动收益。

主要包括农田信息采集、土壤养分及分布调查、农作物施肥、农作物病虫害防治、特种作物种植区监控以及农业机械无人驾驶、农田起垄播种、无人机植保等应用，其中农业机械无人驾驶、农田起垄播种、无人机植保等应用对高精度北斗服务需求强烈。

(4)林业。

林业是北斗系统应用较早的行业之一。林业管理部门利用北斗应用进行林业资源清查、林地管理与巡查等,大大降低了管理成本,提升了工作效率。

主要包括林区面积测算、木材量估算、巡林员巡林、森林防火、测定地区界线等应用。其中,巡林员巡林、森林防火等使用了北斗特有的短报文功能。

特别是在国家森林资源普查中,北斗卫星导航技术结合遥感等技术,发挥了重要作用。而随着中国林区实行集体林权改革,北斗系统也在勘界确权上得到广泛应用。

(5)渔业。

渔业是北斗短报文特色服务普及较早应用广泛的行业。我国是渔业大国,海洋渔业水域面积 300 多万平方公里,从事海洋渔业的渔船与渔民众多。

主要包括渔船出海导航、渔政监管、渔船出入港管理、海洋灾害预警、渔民短报文通信等等应用。特别是在没有移动通信信号的海域,使用北斗系统短报文功能,渔民能够通过北斗终端向家人报平安,有力保障了渔民生命安全、国家海洋经济安全、海洋资源保护和海上主权维护。

(6)公安。

反恐、维稳、警卫、安保等大量公安业务,具有高度敏感性和保密性要求,推广应用北斗系统势在必行。基于北斗的公安信息化系统,实现了警力资源动态调度、一体化指挥,提高了响应速度与执行效率。

主要包括公安车辆指挥调度、民警现场执法、应急事件信息传输、公安授时服务等应用。其中,应急事件信息传输使用了北斗特有的短报文功能。

(7)防灾减灾。

防灾减灾领域,是北斗应用较为突出的行业应用之一。通过北斗系统的短报文与位置报告功能,实现灾害预警速报、救灾指挥调度、快速应急通信等,可极大提高灾害应急救援反应速度和决策能力。

主要包括灾情上报、灾害预警、救灾指挥、灾情通信、楼宇桥梁水库等监测等应用。其中,救灾指挥、灾情通信使用了北斗特有的短报文功能,楼宇桥梁水库等应用利用了高精度北斗服务。

(8)特殊关爱。

近年来,北斗特殊人群关爱应用逐步兴起。通过北斗系统导航、定位、短报文等功能,为老人、儿童、残疾人等特殊人群提供相关服务,保障安全。

主要包括电子围栏、紧急呼救等应用,其中电子围栏,实现了相关人群走出设定的电子围栏范围,设置人手机就能收到及时提醒。

(9)大众应用。

手机、可穿戴设备等北斗大众应用,逐步成为近年来北斗应用的新亮点。利用北斗定位功能,实现手机导航、路线规划等一系列位置服务功能,使人民生活更加便捷。

主要包括手机应用、车载导航设备、可穿戴设备等应用,通过与信息通信、物联网、云计算等技术深度融合,实现了众多的位置服务功能。

(10)电力。

电力传输时间同步涉及国家经济民生安全,北斗应用势在必行。电力管理部门通过使用北斗系统的授时功能,实现电力全网时间基准统一,保障电网安全稳定运行。

主要包括电网时间基准统一、电站环境监测、电力车辆监控等应用,其中电网时间基准统一等迫切需要高精度北斗服务。

(11)金融。

金融行业计算机网络时间同步,涉及国家政治经济民生安全,自主北斗应用势在必行。金融管理部门通过使用北斗授时功能,实现金融计算机网络时间基准统一,保障金融系统安全稳定运行。

主要包括金融计算机网络时间基准统一、金融车辆监管等应用。

6.4 卫星通信

卫星通信简单地说就是地球上(包括地面和低层大气中)的无线电通信站间利用卫星作为中继而进行的通信。卫星通信系统由卫星和地球站两部分组成。卫星通信的特点是:通信范围大;只要在卫星发射的电波所覆盖的范围内,从任何两点之间都可进行通信;不易受陆地灾害的影响(可靠性高);只要设置地球站电路即可开通(开通电路迅速);同时可在多处接收,能经济地实现广播、多址通信(多址特点);电路设置非常灵活,可随时分散过于集中的话务量;同一信道可用于不同方向或不同区间(多址连接)。

6.4.1 北斗二号系统

北斗二号系统在北斗卫星导航试验系统的技术基础上,根据卫星导航三步走发展战略,按照“先区域,再全球”的发展进程,建立卫星无线电定位服务和卫星无线电导航服务相结合的卫星导航系统。

北斗第二代系统的可行性研究始于1997年,但是,由于GPS巨大的军事和经济意义还没有完全显现,国内对卫星导航系统的了解和认识不够。此外,载人航天工程和探月工程项目占用了大量资源,北斗卫星导航系统发展相对较慢。1999年8月,国务院发布《中共中央、国务院关于加强技术创新发展高科技实现产业化的决定》,强调“加强航空航天等领域技术创新”。该政策文件的出台对航天产业的高科技,特别是具有军民两用性的卫星导航技术的发展起到显著的影响。

2004年8月,北斗卫星导航系统(北斗二号系统)项目被正式批准立项。2006年10月,《2006年中国的航天》白皮书发布,正式宣布启动北斗卫星导航系统计划。

随着2006年全国中期和长期计划科技发展路线的公布,各政府部门开始制定行业发展规划。2007年7月,国家发改委发布了“十一五”规划中的高新技术产业的发展,并提出了“卫星导航应用系统的发展。”航天发展十一五规划指出:“对北斗导航试验系统进行完善”,开展全球系统组网和试验工作。《关于促进卫星应用产业发展的若干意见》中也指出要“加速建立自主卫星定位导航系统”。虽然在这些文件提到北斗系统将逐步扩展到一个全球性的系统,但并没有给出明确的建设时间表。

2008年底,北斗二号演示试验基本完成,正式上报国务院。2009年11月,《中国第二代卫星导航系统重大专项实施方案》审议通过,国务院正式批准了北斗二号全球导航卫星系统建设。

2008年11月,中国卫星导航定位应用管理中心在《卫星和网络》上发表《第二代北斗卫星导航系统简介及应用展望》一文,文章中指出"第二代北斗导航系统仍为区域卫星导航系统,具有连续实时三维定位测速能力"。这是首次在公开刊物上提出第二代北斗导航系统是区域系统。

2009年底,中国卫星导航工程中心发布了北斗卫星导航系统的发展计划,第一次明确阐明了中国卫星导航系统三步走发展战略:第一步,1994年启动北斗卫星导航试验系统建设,2000年形成区域有源服务能力;第二步,2004年启动北斗卫星导航系统建设,2012年形成区域无源服务能力;第三步,2020年北斗卫星导航系统形成全球无源服务能力。

2010年1月,北斗项目总设计师孙家栋院士介绍了三步走战略的思路:第一步是2000年利用少量GEO卫星建成北斗卫星导航试验系统,第二步是到2012年建成拥有10颗以上在轨卫星的区域性导航系统,形成区域覆盖能力,并开始服务于亚太地区。第三步是到2020年发射30颗卫星,建立一个全球性的导航系统。2010年5月,中国首届卫星导航年会宣布"北斗卫星导航系统'三步走'发展路线图已清晰明确"。2011年12月29日发布的《中国的航天》白皮书明确地阐述了三步走的战略,指出按照从试验系统,到区域系统,再到全球系统的"三步走"发展思路,构建中国"北斗"卫星导航系统。2020年6月23日,我国在西昌卫星发射中心用长征三号乙运载火箭,成功发射北斗系统第五十颗导航卫星,即北斗三号最后一颗全球组网卫星,至此,北斗三号全球卫星导航系统星座部署全面完成。

6.4.2 海上卫星通信

我国海上通信的主要手段是传统短波、超短波,海事卫星和北斗卫星等,虽然可以解决海上人员的部分通信需求,但通信带宽小、价格昂贵等因素也制约着海上通信的。在马航MH370飞机失联搜救中,搜救船只开通的甚小天线地球站(VSAT)通信2兆电路可进行互联网、电话、传真业务,为搜救信息的传输提供了重要的信息通道。由此可见加强VSAT通信在海上通信中研究和应用的巨大发展前景。

(1)VSAT通信系统的组成。

VSAT通信系统由卫星、中心主站和端站组成。其中,卫星一般使用地球静止轨道通信卫星,中心主站的作用是汇集卫星来的数据然后向各个端站分发数据,一般端站直接安装于用户处,与用户的终端设备连接。

①卫星。

卫星接收从地面发射过来的信号,再把信号重新发射回去,起到"转发器"的作用。目前,我国主要使用C波段(3.7~4.2GHz下行链路)和Ku波段(11.7~12.2GHz下行链路)转发器资源。其中,C波段大都可以覆盖到我国的东部海域及南海全境,Ku波段覆盖范围则较小,目前还没有作为商业用途的卫星有固定波束覆盖上述海域全境,并且Ku波段雨衰现象严重,这些是VSAT通信在海上应用的局限。考虑船体大小,C波段的端站天线相对较大(1.8m及以上口径),较适合执法或大型渔船;Ku波段天线相对较小,一般可控制在1m以内,非常适合海上使用。

②中心主站。

中心主站主要包括天线、射频以及基带系统。其中,天线即带有伺服系统的大型双向天线,一般口径在10m左右;射频部分包括高功率放大器、低噪声放大器、上下变频器等设备,负责将基带系统的信号变频放大后送上卫星，以及将天线接收下的微弱信号进行低噪声放大变频后传送给基带系统。考虑海上对天线的限制，所以应采用星型网络结构的 VSAT 系统，DVB-RCS 模式支持 TCP/IP 的传输方式，以适应海上环境并满足数据传输要求。

③端站。

端站也包括天线、射频及卫星调制器部分。由于船舶在海上会晃动，所以船载天线必须可以自动追踪，并能适应潮湿、盐雾大的特点。卫星调制器设备也应尽量采用星型结构且支持 TCP/IP 方式系统的设备。

(2) VSAT 通信与传统通信的对比分析。

VSAT 系统具有高度软件控制功能，可以提供高品质的数据、语音、图像服务。在现行《电信业务分类名录》中，VSAT 通信是指，利用卫星转发器，通过 VSAT 通信系统中心站的管理和控制，在国内实现中心站与 VSAT 终端用户（地球站）之间、VSAT 终端用户之间的语音、数据、视频图像等传送业务。

受地理环境所限，船员在海上无法享受快速的通话、上网体验。目前，最为普及的海事卫星虽然可以提供语音电话、传真、标准的 IP 数据业务等，但最高带宽只有 430Kb/s 左右，相比之下，VSAT 系统带宽高（从几兆比特每秒到几十兆比特每秒）、通信成本低的优点更为贴近现今海上通信需求。除此之外，VSAT 通信成本低，便于与岸台连接，组网灵活，用户站天线较小（一般 0.3 ~ 2.4m），天线增益/天线噪声温度（G/T）低于 19.7dBk，可以实现点对点、点对面的广播和双工通信等特点也使其大范围在海上推广应用成为必然。

相比传统通信手段，VSAT 通信也存在着诸如天线相对较大、设备采购成本高等缺陷，一定程度上制约着更进一步的推广应用，还需要技术的不断成熟和完善。

(3) VSAT 在海上通信的应用方式。

目前，我国 VSAT 通信用户主要以行业用户为主，包括能源、地质勘查、交通、广播电视等。相较于海上传统通信方式，VSAT 通信带宽高的优势，使其可以给海上船舶带来诸多联网便利和应用方式，提升海上执法作业的通信水平。

①船员服务。

船员可以在大海上接入互联网，即可浏览网页、收发邮件，也可以使用即时通信软件聊天，丰富业余生活。另外，随着海上互联网接入的发展，其他一些互联网应用也可以开发推广。比如，针对船员的学习和考试，也可以通过互联网远程操作实现。

②远程监控。

安装视频监控设备的船舶，经过专门的视频压缩设备进行编码压缩后，以 TCP/IP 方式传输至中心主站，地面人员通过专门软件可以随时查看实时状况。在海上执法、渔业活动中，通过视频可以还原真相，减少争执，解决问题；在船员无法解决设备故障时，还可以视频连接维修专家远程诊断故障，降低维修成本。

③视频会议。

在船舶部署视频会议设备，通过网线接入卫星网络，并在中心主站安装微控制单元（MCU），实现船上人员与其他船舶及地面之间的视频会议，方便海上人员的汇报交流，提高工作效率和水平。

④语音电话。

利用语音网关设备将模拟电话信号转换成 IP 信号,通过 VSAT 传输至中心主站,再通过语音网关将 IP 信号转换回模拟信号接入电信公共交换电话网络(PSTN)公网。这样,海上人员可以方便地在自己的船舱房间内拨打电话。另外,由于 VSAT 数据通信和语音通信的信道可以复用,也能够大大降低电话费用。

除此之外,通过 VSAT 通信实现船岸间的信息交流,还可以在医疗救助、电子海图等方面发挥作用,提高航运效率和船上医疗水平,保障海上人命安全。

总而言之,在目前全球海上遇险与安全系统(GMDSS)作为主要船舶通信设备的基础上,VSAT 系统可以有效补充,满足海上船舶和船员对通信方式提升的不断追求。相信随着 VSAT 海上通信应用研究的进一步深入,其发挥的作用将逐步扩大,更好地为促进国民经济发展和保护海洋安全服务。

6.5　基于 3G/4G 的 DTU 终端

无线数据传输是指利用无线数传终端将工业现场设备输出的数据或者各种物理量进行远程传输。无线数据传输终端即实现无线数据传输所使用的终端模块,通常与下位机相连,实现无线数据传输的目的,其传输原理和平时使用的手机数据传输时基本一致,其中比较典型的设备有无线数传、无线路由器、无线调制解调器(Modem)等设备。

当前,实现无线数据传输的终端已得到广泛应用。山区内河航道水上安全监测中现场布设大量传感器,传感器间通信主要采用无线数传终端实现。

DTU(Data Transfer Unit)全称是数据传输单元,是一种物联网无线数据终端,利用公用运营商网络为用户提供无线长距离数据传输功能。采用高性能的工业级 8/16/32 位通信处理器和工业级无线模块,以嵌入式实时操作系统为软件支撑平台,同时提供 RS232 和 RS485(或 RS422)接口,可直接连接串口设备,实现数据透明传输功能。

6.5.1　DTU 功能

DTU 的四个核心功能是:

(1)内部集成 TCP/IP 协议栈。

DTU 内部封装了 PPP 拨号协议以及 TCP/IP 协议栈并且具有嵌入式操作系统,从硬件上,它可看作是嵌入式 PC 与无线 Modem 的结合;它具备拨号上网以及 TCP/IP 数据通信的功能。

(2)提供串口数据双向转换功能。

DTU 提供了串行通信接口,包括 RS232、RS485、RS422 等都属于常用的串行通信方式,而且 DTU 在设计上大都将串口数据设计成“透明转换”的方式,也就是说 DTU 可以将串口上的原始数据转换成 TCP/IP 数据包进行传送,而不需要改变原有的数据通信内容。因此,DTU 可以和各种使用串口通信的用户设备进行连接,而且不需要对用户设备做改动。

(3)支持自动心跳,保持永久在线。

其优点之一就是支持终端设备永久在线,因此典型的 DTU 在设计上都支持永久在线功能,这就要求 DTU 包含了上电自动拨号、采用心跳包保持永久在线(当长时间没有数据通信时,移动网关将断开 DTU 与中心的连接,心跳包就是 DTU 与数据中心在连接被断开之前发送一个小数据包,以保持连接不被断开)、支持断线自动重连、自动重拨号等特点。

(4)支持参数配置,永久保存。

DTU 作为一种通信设备,其应用场合十分广泛。在不同的应用中,数据中心的 IP 地址及端口号,串口的波特率等都是不同的。因此,DTU 都应支持参数配置,并且将配置好的参数保存内部的永久存储器件内(一般为 FLASH 或 EEPROM 等)。一旦上电,就自动按照设置好的参数进行工作。

6.5.2 DTU 通信方式

DTU 上电后,首先读出内部 FLASH 中保存的工作参数(包括拨号参数,串口波特率,数据中心 IP 地址等等,事先已经配置好)。

DTU 登录网络,然后进行 PPP 拨号。拨号成功后,DTU 将获得一个由移动随机分配的内部 IP 地址(一般是 10. ×. ×. ×)。也就是说,DTU 处于移动内网中,而且其内网 IP 地址通常是不固定的,随着每次拨号而变化。可以理解为 DTU 这时是一个移动内部局域网内的设备,通过移动网关来实现与外部 Internet 公网的通信。这与局域网内的电脑通过网关访问外部网络的方式相似。

DTU 主动发起与数据中心的通信连接,并保持通信连接一直存在。由于 DTU 处于移动内网,而且 IP 地址不固定。因此,只能由 DTU 主动连接数据中心,而不能由数据中心主动连接 DTU。这就要求数据中心具备固定的公网 IP 地址或固定的域名。数据中心的公网 IP 地址或固定的域名作为参数存储在 DTU 内,以便 DTU 一旦上电拨号成功,就可以主动连接到数据中心。

具体地讲, DTU 通过数据中心的 IP 地址(如果是采用中心域名的话,先通过中心域名解析出中心 IP 地址)以及端口号等参数,向数据中心发起 TCP 或 UDP 通信请求。在得到中心的响应后,DTU 即认为与中心握手成功,然后就保持这个通信连接一直存在,如果通信连接中断, DTU 将立即重新与中心握手。

由于 TCP/UDP 通信连接已经建立,就可以进行数据双向通信了。

对于 DTU 来说,只要建立了与数据中心的双向通信,完成用户串口数据与网络数据包的转换就相对简单了。一旦接收到用户的串口数据,DTU 就立即把串口数据封装在一个 TCP/UDP 包里,发送给数据中心。反之,当 DTU 收到数据中心发来的 TCP/UDP 包时,从中取出数据内容,立即通过串口发送给用户设备。

通过有线的数据采集中心,同时与很多个 DTU 进行双向通信。这是目前 DTU 应用系统中最为常用的方式。

6.5.3 DTU 应用领域

DTU 的主要功能是把远端设备的数据通过无线的方式传送回后台中心。要完成数据的传输需要建立一套完整的数据传输系统。在这个系统中包括:DTU、客户设备、移动网络、后台中心。在前端,DTU 和客户的设备通过 RS232 或者 RS485 接口相连。DTU 上电运行后先注册到移动的网络,然后去和设置在 DTU 中的后台中心建立 SOCKET 连接。后台中心作为 SOCK-

ET的服务端,DTU是SOCKET连接的客户端。因此,只有DTU是不能完成数据的无线传输的,还需要有后台软件的配合一起使用。在建立连接后,前端的设备和后台的中心就可以通过DTU进行无线数据传输了,而且是双向的传输。

DTU现在已经广泛应用于电力、环保、LED信息发布、物流、水文、气象等行业领域。尽管应用的行业不同,但应用的原理是相同的。大都是DTU和行业设备相连,比如PLC、单片机等自动化产品的连接,然后和后台建立无线的通信连接。DTU拥有ARM9工业级处理器和智能三级保护,它能通过电力3000V电击测试,产品性能稳定可靠。已广泛应用于电力集中抄表、水表集中抄表、热网监控、燃气监控、水利监控、环保检测、气象检测、地震监测、交通控制等等行业。

6.6 针对山区内河航道的数据通信技术

船舶在出航时的主要通信技术有FM和TV副载波单向数据/话音通信、陆基移动数字通信、信标台网双向数据通信、蜂窝通信、集群通信、卫星移动通信等。其中前五种技术主要用于内河和湖泊、近海,依靠对讲机、手机等载体实现。对于非远洋类的船只,由于在中国的近海范围和内河上移动通信网络已较为发达,因而可以使用手机通信。没有移动通信信号覆盖的茫茫大海上,可以采用国际海事卫星电话。这是一种通过国际海事卫星接通的船与岸、船与船之间的电话业务,可进行通话、数据传输和传真。海事卫星覆盖了太平洋、印度洋、大西洋东区和西区。

在山区河段,航道多弯曲,周围又有山林阻隔,对内河船舶的通信造成很大影响。随着内河作业量的增加和内河运输的不断发展,船员需要与岸上或其他船舶随时联系,内河通信的形式和内容需求变得更加多样化。近年来,随着科技的进步,内河船舶通信技术也不断发展,形成了自身特点,即内河船舶在对外联络的过程中,更多地采用3G/4G网络以及北斗系统。

第 7 章　系统安全保障技术

7.1 引　　言

信息安全是信息系统正常发挥作用的保障,是维持系统稳定运行的重要部分。山区内河航道水上安全监测系统中包含水位、流量、气象以及航道地理信息等众多重要数据,其系统和数据安全性会影响航道管理和航运安全。

7.2 信息系统面临的威胁

互联网环境下,信息系统周围充斥着各种各样安全威胁,其中包括:系统自身的内部安全威胁、通过人为恶意攻击带来的威胁、互联网安全带来的威胁以及不可预见事故引发的安全威胁等。按照威胁种类的角度分析,包括物理环境存在的威胁、网络环境存在的威胁、通信协议存在的威胁、黑客攻击的威胁、病毒侵害的威胁、管理不善的威胁等。

(1)物理环境威胁。

信息系统的物理环境多以实体为主,包括各种联网设备、终端设施、通信链路以及防火系统、安全系统和各类电源。物理环境面临的威胁主要与实体的非正常运行有关。不可预见的自然灾害会造成物理环境的整体破坏;供电中断、网络等线路以及个别设备故障都会影响系统的正常运行;强磁场、电磁辐射、静电等原因影响相关设备的工作性能;人员操作失误、人为恶意攻击等因素会致使设备损毁以及信息丢失。

(2)网络环境威胁。

网络环境为信息系统数据和信息的交换和传输提供基础,网络结构的开放性以及网络协议本身的漏洞,都为黑客攻击和病毒入侵提供了条件;系统开发时有意或无意造成的"后门",也会成为网络系统的安全隐患之一。

(3)通信协议威胁。

联网信息系统通常采用的通信互联协议有 TCP/IP、HTTP、HTTPS 等,其开放性特点使系统无法实现全面的安全保护,这些协议自身存在一定程度的安全隐患,而黑客或一些不法分子就会借机盗取数据资源,甚至会破坏网络系统的防护功能。

(4)黑客攻击威胁。

网络黑客普遍精通网络安全知识,且善于利用网络系统中存在的安全漏洞实施窃听、拦截复制及越权使用等攻击行为。目前,出现在互联网上的黑客攻击事件逐渐增多,严重妨碍了网络信息系统的正常运行,对网络安全构成了巨大威胁。

(5)病毒入侵威胁。

网络病毒蔓延速度快且隐秘,一旦有主机被感染,就会迅速扩散到整个网络中,且不易被管理员或安全系统察觉,导致信息丢失、文件破坏、机器死机、系统无法正常运行等结果。

(6)管理威胁。

安全有效的管理,能够从网络内部切断入侵渠道从而有效实现系统的安全。但由于管理人员安全意识不足、人为的分工混乱以及职责权属不清容易形成多重管理以及管理漏洞现象。

以上列举了信息系统面临的主要威胁,其中物理环境存在的威胁可以在机房建设初期解决,管理不善带来的威胁可以从完善管理制度、加强人员管理等角度解决,而其他方面的威胁主要依靠安全技术措施进行加固和防护。

7.3　安全防护技术措施

为了防御来自网络的威胁,及时发现网络恶意攻击线索,保障网络环境安全稳定,需采用如下网络安全技术。

7.3.1　防火墙

防火墙是由 Gil Shwed 于 1993 年发明并引入国际互联网。它是一种位于内部网络与外部网络之间的网络安全系统。它是一种网络安全防护系统,根据特定的规则,允许或限制传输数据的通过。

防火墙是通过有机结合各类用于安全管理与筛选的软件和硬件设备,帮助计算机网络于其内外网之间构建逻辑隔离的保护屏障,以保护内部资料的安全性。计算机网络遭受到攻击时,防火墙可以避免恶意攻击蔓延扩大,抑制攻击对内网正常运行的干扰。

防火墙的主要作用就是实时监测并处理网络中可能存在的安全风险、数据传输等问题,其同时可记录并检测对网络的各项操作,保障用户数据的完整性,为用户提供安全、稳定的网络使用体验。

防火墙架构中采用了多种技术,其中最主要的技术包括包过滤和网络地址转换(Network Address Translation,NAT)技术。包过滤技术是防火墙检测网络数据的基本手段,NAT 是内网与互联网安全通信的基础。

7.3.2　入侵检测系统

入侵检测系统(Intrusion Detection System,IDS)是一种对网络传输进行即时监视,在发现可疑传输时发出警报或者采取主动反应措施的网络安全设备。它与其他网络安全设备的不同之处在于,IDS 是一种积极主动的安全防护技术。

1980 年,James P. Anderson 的《计算机安全威胁监控与监视》第一次详细阐述了入侵检测的概念,提出计算机系统威胁分类、利用审计跟踪数据监视入侵活动的思想。1984—1986 年,乔治敦大学的 Dorothy Denning 和 SRI/CSL 的 Peter Neumann 研究出了一个实时入侵检测系统模型 IDES(入侵检测专家系统)。1990 年,IDS 分化为基于网络的 IDS 和基于主机的 IDS。1988 年之后,美国开展对分布式入侵检测系统(DIDS)的研究,将基于主机和基于网络的检测方法集成到一起。DIDS 是分布式入侵检测系统的一个里程碑式的产品。从 20 世纪 90 年代到现在,入侵检测系统的研发呈现出百家争鸣的繁荣局面,并在智能化和分布式两个方向取得了长足进步。

入侵检测技术是对网络入侵行为的检测,它通过收集和分析网络行为、安全日志、审计流量数据、其他网络上可以获得的信息以及计算机系统中若干关键点信息,检测网络或系统中是否存在违反安全策略的网络行为和被攻击的迹象。入侵检测作为一种主动地安全防护技术,提供了对内部攻击、外部的网络攻击和误操作的实时保护,在网络系统受到危害之前拦截和响应入侵事件并预警。因此,入侵检测技术被认为是防火墙之后的第二道安全闸门,是防火墙的完美补充。入侵检测通过执行以下任务来实现:实时监视、分析用户及系统活动;对系统构造和弱点的审计;识别反映已知进攻入侵的活动行为模式并报警;对异常行为模式的统计分析。主机 IDS 还可评估重要系统和数据文件的完整性;跟踪审计操作系统的用户行为,并识别违反安全策略的用户行为。

7.3.3 数据加密

对于系统中的重要数据,利用数据加密技术进行存储和传输,是保证数据不被篡改和盗用的最有效方法之一。

数据加密,指通过加密算法和加密密钥将明文转变为密文,而解密则是通过解密算法和解密密钥将密文恢复为明文。数据加密仍是计算机系统对信息进行保护的一种最可靠的办法。它利用密码技术对信息进行加密,实现信息隐蔽,从而起到保护信息的安全的作用。按照作用的不同,数据加密技术可分为数据传输加密技术、数据存储加密技术、数据完整性的鉴别技术和密钥管理技术。

7.3.4 虚拟专网

VPN(Virtual Private Network)即虚拟专用网络,它可以通过特殊的加密通信协议将位于不同地方的两个或多个企业内部网络之间建立一条专有的通信线路。

VPN 属于远程访问技术,是利用公用网络架设专用网络。之所以称为虚拟网,主要是因为整个 VPN 网络的任意两个节点之间的连接并没有传统专网的端到端物理链路,而是架构在公用网络服务商所提供的网络平台(如互联网)之上的逻辑网络,用户数据在逻辑链路中传输。它包含了跨共享网络封装、加密和身份验证等技术。当信息系统要求跨地区交互,并且要求一定安全性,选择 VPN 技术可以有效避免来自互联网攻击或干扰。VPN 架构中采用了多种安全机制,主要包括隧道技术、加解密技术、密钥管理技术、身份认证技术等。通过上述各项网络安全技术,确保资料在公众网络中传输时不被窃取。

7.4　山区内河航道水上安全监测中的安全实践

7.4.1　防火墙的应用

在山区内河航道水上安全监测系统建设中,防火墙主要在三个方面发挥作用:一是边界防护;二是端口映射;三是访问控制。

(1)边界防护。

在 NAT 的作用下,防火墙之外的主机无法查看到防火墙之内的 IP 地址,这种机制同时起到了一定的防护效果。防火墙作为安全防护设备,默认策略一般设置为关闭所有端口,只有设置策略的端口才会开放,这样可以最大限度地缩小攻击面,降低被攻击的概率。以上两个特点使防火墙尤其适合作为边界防护设备,特别是在系统网络边界。

如果系统只需要对内网或者部分用户开放服务,可以在内网边界或区域边界处部署防火墙。这样,防火墙之外的任何主机都无法访问该系统,同时还能防御各种端口扫描和试探攻击。

(2)端口映射。

山区内河航道水上安全监测系统如果通过互联网进行数据传输或交互服务时,就需要将服务提供到互联网,让互联网用户能访问到该系统提供的服务界面,这时就需要应用端口映射技术实现。系统服务器一般都部署在内部局域网中,互联网用户不能直接访问到内网信息系统。这时就需要反向应用 NAT 技术,将公网的地址转换成私有地址,当互联网用户访问公网地址时,防火墙会自动将请求映射到对应的私有地址。如此,互联网用户就可以访问到部署在局域网中的系统服务器。在进行地址转换时,通常只转换特定端口,对外只提供最少的开放端口,这样有利于内部网络和系统服务器的安全。这种将公网地址的某个端口转换到内网地址的某个端口上的过程就是端口映射。

假如系统需要通过互联网为用户提供 HTTP 服务,可以通过防火墙将系统服务的地址映射到互联网出口地址上,且映射端口只开放 TCP 协议下的 80 端口。互联网用户只能访问该系统的 HTTP 服务,无法访问该信息系统的其他服务。这样做既为互联网用户提供了需要的服务,又能有效地保护系统其他端口。

(3)访问控制。

防火墙还可以识别源地址与目标地址,通过策略实现对 IP 地址和端口的访问控制。当只允许特定 IP 地址才能通过防火墙访问指定端口时,就需要用到访问控制技术,这种方式在内网不同功能的区域边界和主机防火墙中应用比较多。防火墙可以配置访问控制列表,指定源 IP 和源端口可以通过防火墙访问指定目标 IP 和目标端口。

在信息系统应用中,指定固定的后台主机与系统前台主机通信是防火墙访问控制的常用做法。后台主机一般指为前台主机提供数据支撑的所有服务器;前台主机是部署信息系统软件,为用户提供服务的服务器。山区内河航道水上安全监测系统的后台主机一般包括数据库服务器、地图服务器、视频服务器、采集数据服务器、文件服务器等。这些服务器可与系统前台门户服务器部署在一个区域,也可能由于地域拓扑原因,不能部署在一个区域。为了保证这些服务器之间的传输安全,避免通信被欺骗盗用,可以使用防火墙来配置访问控制策略,只允许系统前台门户服务器访问数据库服务器的指定端口(SQL Server 默认端口为 1433,Oracle 默认端口为 1521),其他主机无法访问数据库服务,这样既不影响系统门户服务器读取到数据,又能禁止不明主机访问数据库。

7.4.2 入侵检测系统的应用

防火墙作为一种边界安全机制无法监控内部网络,仅能在应用层或网络层进行访问控制,它只是一种基于策略的被动防御措施,一种粗颗粒的防御手段,无法自动调整策略设置来阻断正在进行的攻击,也无法防范基于协议的攻击,很容易通过协议隧道绕过防火墙。所以,单靠防火墙是无法实现良好的安全防护性能的。

入侵检测系统能够实时分析信息系统网络外部到内部的数据通信信息,分辨入侵企图,在系统受到危害前以各种方式发出警报,并且及时对网络入侵采取相应措施,最大限度保护系统安全。通过多级、分布式的网络监督、管理、控制机制,全面体现了管理层对网络关键资源的全局控制、把握和调度能力。

在山区内河航道水上安全监测系统应用中,入侵检测系统能够为系统网络提供第二道防护屏障。将入侵检测系统放在防火墙之后,可以检测出内部用户与外网通信的异常行为以及黑客突破防火墙和系统限制后的非法入侵。将入侵检测系统部署在防火墙之后,还可以利用防火墙减少负载工作量,外来不合法的信息可以经过防火墙首先过滤掉一部分,防火墙对入侵检测系统本身也是一种保护。恶意攻击数据包经常会伪装成合法的访问请求通过防火墙开放的端口访问系统时,防火墙无法发现该数据包的异常。这时,部署在防火墙之后入侵检测系统就会对数据包进行检测,首先对接收到的数据包进行解码,然后调用预处理函数对解码后的报文进行预处理,再利用规则树对数据报文进行匹配。规则匹配的过程就是对从网络上捕获的每一条数据报文和上面描述的规则树进行匹配的过程。如果发现存在一条规则匹配的报文,就表示检测到一次攻击,然后按照规则指定的行为进行处理,比如发送警告或阻断等。

7.4.3 加密技术的应用

利用加密技术,可以解决山区内河航道水上安全监测系统中重要数据的存储安全问题。最常用的手段就是将密码等敏感校验信息,通过加密技术转换成密文存储在数据库中,保证这些重要信息的安全性。这样,即使是管理员或者非法黑客拿到了数据库的信息,也无法得知真正的密码明文。

为了系统交互和通信安全,还可以对系统数据传输进行加密。比如使用 HTTPS 或特定加密服务协议提供系统服务。HTTPS 是一种加密嵌套服务协议,它提供了身份验证与加密通信方法,用户通过 HTTPS 访问系统的所有通信内容均为加密形式,可以有效地保护通信数据安全。

7.4.4 VPN 的应用

山区内河航道水上安全监测系统有时需要面向多个跨地区机构或部门提供服务,这些机构或部门需要通过互联网访问,为了不让其他互联网用户或黑客发现该系统的服务,最有效的方法就是利用 VPN 技术为这些需要访问系统的机构或部门搭建跨地区的虚拟专用网络。在虚拟专用网络内,可以让这些在不同地区的机构或部门访问到内网资源,就如同在一个局域网内,所有交互均通过 VPN 的加密隧道完成。VPN 技术可以将跨地区的机构或部门连接成一个虚拟局域网,安全地访问网内资源和系统。

7.5　物联网安全

物联网是物体、传感设备、互联网相互结合而形成的。它主要是对物体及其过程进行实时数据采集、传输,从而实现对物体的识别、对过程的管理以及对各方面的监管和控制。

在山区内河实现航道水上安全监测,不仅需要调用大量的沿岸监控摄像设备、传感器以及在线检测仪器,还需要整合航道内船舶自有的终端设备信息。这些外场终端设备正是利用了物联网技术为系统采集需要的数据并进行传输,信息传输的安全性直接决定着采集数据的可用性。因此,物联网安全是整个系统运行的关键。

物联网一旦被攻击,其涉及的安全问题往往波及面广,攻击所造成的经济损失往往十分严重。2016 年,全球范围内的物联网设备大量感染了 Mirai 病毒,黑客通过控制这些被感染病毒的物联网设备对美国东海岸 DNS 服务商 Dyn 发起了 DDoS 攻击,导致 DNS 服务面向的客户网站无法访问,大面积服务受到重创,受到影响的著名公司有 Twitter、Github、BBC 等。2018 年 1 月,黑客通过损坏指纹传感器,使用橘子皮解锁手机并成功转账付款,造成严重财产损失,同时用户隐私信息也遭到了泄露。

物联网中的设备、网络以及控制系统环环相扣,需要紧密的互相配合才能为用户提供完整的服务,一旦其中某个环节发生安全问题,服务会受到严重影响。

7.5.1　物联网结构

物联网结构共分为三个层次:底层是采集数据的感知层,中间是传输数据的网络层,顶层是分析数据的应用层。

(1)感知层。

山区内河航道水上安全监测的感知层包括水位、流速、能见度、气温、湿度、风俗等传感器,以及监测航道的摄像头等。感知层作为物联网信息与数据的来源,对所有船舶、码头、航道等港口信息进行全面感知。

(2)网络层。

网络层包括接入网和核心网。接入网的接入方式有很多种,大体可以分为无线远距离接入和无线近距离接入两种方式。核心网通常是 IPv4 或 IPv6 网络。网络层主要负责数据的传输。

(3)应用层。

应用层负责对接收到的数据进行全面分析,进而对用户提供合理服务。数据在经过应用层的处理后可以再次通过网络层反馈给感知层。应用层的主要功能是对物联网信息和数据进行融合、处理、应用,实现信息最终为人所使用的目的。

7.5.2 物联网安全隐患

7.5.2.1 感知层安全隐患

感知设备一般会被安排在无人场景中,其运行往往处于无人值守和随意运行的状态,在无形中增加了设备被破坏或入侵的风险。主要体现在以下几个方面:

(1)感知设备被入侵控制。

部署在感知层各节点的设备容易被非授权控制,从而导致设备被破坏、数据丢失或被篡改。

(2)感知设备遭受 DDOS 攻击。

物联网中的 DDOS 攻击主要分为两种,一种是对物联网内的节点或设备进行 DDOS 攻击;另一种是物联网内的节点或设备被黑客控制后,对其他网络进行 DDOS 攻击。

7.5.2.2 网络层安全隐患

网络层安全隐患主要体现在以下几个方面:

(1)物联网的开放性架构,互联方式的多样性,终端设备类型的差异性较大,这些特性导致物联网容易遭受假冒攻击、中间人攻击等恶意入侵。

(2)物联网所涉及的网络结构众多,包括无线通信网络、移动通信网络和下一代网络等,容易出现跨网络的恶意攻击。

(3)构建和实现物联网网络层功能的相关技术本身存在安全缺陷,如云计算、网络存储、异构网络技术等,存在一些安全弱点和协议缺陷,易被攻击者利用。

(4)在物联网中,异构端到端通信较多,比如不同类型的传感器之间的通信,以及传感器与软件系统之间的通信。这类通信两端的系统平台和安全机制各不相同,如果通信过程中缺少传输加密、完整性验证等措施,通信数据很容易被窃取或篡改。

7.5.2.3 应用层安全隐患

物联网应用层与常规网络信息系统面临的安全隐患基本一致,但物联网应用系统主要面向感知层的终端设备,因此其设施结构简单,往往不具备查杀病毒、防火墙等基础防御能力,终端系统更加脆弱,导致物联网应用层安全隐患更为严峻。主要体现在以下两方面:

(1)恶意代码威胁。

物联网应用系统中往往存在漏洞或设计缺陷,这些漏洞和缺陷极易被病毒、木马、蠕虫等恶意代码攻击和控制,导致应用系统遭受破坏或停止服务。

(2)非授权访问威胁。

物联网应用系统中存在因访问控制管理不严而受到非授权访问威胁的问题。这类威胁一般分为两种:遭受非法用户访问、遭受合法用户访问的非授权操作。

7.5.3 物联网安全措施

7.5.3.1 感知节点安全

感知节点安全包括设备安全和软件安全两方面:

(1)设备安全就是感知节点设备本身的物理安全,感知节点设备所处的物理环境不能对感知节点设备造成物理破坏,如挤压、强振动。保证感知节点设备工作状态正常,不对感知节点设备的正常工作造成影响,电力供应满足感知节点的工作要求。

(2)软件安全是对设备的系统软件的保护,可以采用代码签名的方式,并保证代码是被授权的、不可被随意篡改。物联网中的代码签名技术不同于互联网,它可以应用于固件级别,比如传感器、网络设备等。

7.5.3.2　数据传输安全

物联网的数据传输安全需从采集源头到存储方式上全面考虑,主要包括以下方面措施:

(1)感知节点认证措施。

由于感知节点硬件环境和网络环境不同于一般网络应用,其计算资源和带宽资源都比较有限,认证措施不能占用太多硬件资源。还要降低各个感知节点之间的相关性,以确保不能推导出其他节点信息。物联网与传统网络相比,网路节点数量和种类都非常多,要求访问控制机制更加复杂,需加强跨网络区域认证。物联网中的各类感知节点分布在网络中发挥不同的作用,这种分布式通信类似区块链技术的去中心化,可以借鉴区块链技术提高感知节点认证安全。

(2)物联网入侵防范措施。

物联网需要具备入侵行为检测和防御的能力。入侵行为检测的方法通常有两种:一种是建立正常行为的安全基线,超出该基线即为从而发现异常行为;另一种是通过对分析日志文件进行总结分析,发现异常行为。物联网与互联网的入侵检测技术存在一些区别,比如利用大数据分析技术,对全流量进行分析,检测异常行为,在互联网环境中,这种方法主要是对TCP/IP协议的流量进行检测和分析,而在物联网环境中,还需要分析对工控环境中的其他协议流量进行分析,如Modbus、HART、PROFIBUS等协议流量。

(3)物联网数据保护措施。

物联网数据保护主要集中在数据发布、数据挖掘以及无线传感网等领域,其保护措施主要由以下三种。

①匿名化措施:对数据中较为敏感的信息进行隐私保护,一般会将部分原始信息或全部敏感数据修改或隐藏。

②加密措施:采用密码机制对原始数据进行加密,保证其原始数据不可见或不能被他人篡改,以确保信息安全。

③传输措施:由于无线传感网具有无线传输和自组织性,所以需要特别注意传感器节点的位置隐私保护,通过随机路由协议可以有效保护节点位置。其保护措施一般是随机的,且数据的传输路径也是随机的,并不是一成不变的。这种随机的路由策略保证了数据的安全性,因为攻击者几乎不可能找到节点的准确位置信息。

7.5.3.3　运维管理安全

(1)定期巡视感知节点设备、网关节点设备的部署环境,对可能影响感知节点设备、网关节点设备正常工作的环境异常进行记录和维护。

(2)感知节点设备、网关节点设备入库、存储、部署、携带、维修、丢失和报废等过程需明确规定,并进行全程管理。

(3)加强对感知节点设备、网关节点设备部署环境的保密性管理,包括负责检查和维护的人员调离工作岗位,应立即交还相关检查工具和检查维护记录等。

第 8 章　乌江水上安全监测预测系统研发与应用

8.1　系统概况

8.1.1　建设背景

《长江经济带发展规划纲要》明确提出了内河水运生态优先、绿色发展的战略定位。乌江为长江上游南岸最大支流，流经黔、渝两地，于重庆涪陵汇入长江，为两地深度融入长江经济带提供了一条经济高效、绿色环保、通江达海的水运大通道，随着 2017 年乌江“乌涪段”（乌江渡至涪陵段共计 594km，规划为全国内河高等级航道）的全线复航，乌江航运将迎来更大的机遇和挑战。

乌江下游涪陵地区受流域突降大雨和上游电站下泄非恒定流影响，使得乌江下游洪水具有来势凶猛，洪水变幅大，涨跌速度快等特点，是典型的山区航道。为解决山区河流上游电站无规律放水和流域暴雨汇流导致下游水位骤涨、流速激增、流态复杂等隐患，重庆市涪陵区港航管理局联合交通运输部天津水运工程科学研究院在乌江银盘电站下游 79km 进行了水上安全监测预测系统研发与示范应用。该系统通过物联网技术、GIS 技术、北斗卫星通信导航技术以及自主研发的基于历史水文数据和水文预测分析数学模型，实现基础 GIS 操作、实时监测信息动态显示、洪水预测分析、监测数据历史统计分析、监测终端状态自检、安全预测管理和日志管理等 7 大功能。

通过水上安全监测预测系统在乌江段的成功示范建设，为乌江航运安全提供了全天候、实时性、动态化的水上安全监测与科学预测，该工程是重庆市“互联网 + 港航管理”领域的重要实践和典型。是一个探测手段先进、计算模型科学、预测准确的综合信息平台，具有超前的引领发展理念，具有先进的管理决策模式，具有深远的现实意义，具有广泛的推广价值，将会对内河水域，特别是山区河流的通航管控、防洪度汛和应急处置发挥巨大作用。

8.1.2　业务需求分析

维护通航水域畅通、保障船舶航行安全、加强水上应急管理是港航管理部门的重要职责。重庆乌江段地理位置特殊、环境复杂，承担着重要的航运任务，是港航管理部门监管的重要航段，其对提升乌江航道信息的监测与管理具有迫切的需求。具体表现为：

（1）需要全面掌握乌江航道实时水文数据。

全面掌握辖区内河流、湖泊、水库等通航水域航道实时信息是港航管理部门维护通航水域安全、保障船舶航行安全、加强水上应急的决策依据。辖区内的乌江航道受自身地理特性和上游水电站的多因素影响，水位骤涨骤落、流速变化大，给航运安全带来了隐患，但是当前缺乏先进的技术手段，来全面、实时掌握乌江航道的水深、表面流速、流量等水文信息。因此，亟须建立一套覆盖水位、流量、气象等信息的航道通航环境实时监测系统，全面掌握航道的通航环境。

(2)需要实现水文信息的精确预测预报。

乌江上游的强降雨和水电站的泄洪操作会造成乌江航道的水位、流速在短时间内发生很大变化，洪水发生较为迅速，破坏能力较强。为更好服务港航管理部门应急决策和提前制定部署方案，亟须采用现代信息化手段，建立水文预测预报数学模型，依据上游水电站泄洪信息和监测点的实时水文数据，对辖区内乌江航段在数小时内的水位、流速进行精细化的预测预报，掌握未来数小时内的水文变化情况，实现对未来航道通航信息的预判和应急行动的预反应，为航运信息发布、船舶驶离、基础设施维护提供可靠的依据。

(3)需要实现辖区航道信息的可视化管理。

重庆辖区内所属的乌江段地理位置特殊、环境复杂、交通不便，对于突发情况，缺乏先进的手段定位风险，且不好掌握周边环境特征，给港航管理部门在应急指挥上带来了不便。需要提升当前业务管理模式，以乌江航道维护管理为核心，在水文信息监测预测的基础上，结合地理信息系统，实现对乌江航道的可视化管理，掌控全局动态信息，提高港航管理部门处置各类风险的能力。

8.1.3 系统性能分析

(1)系统处理性能。

系统处理性能直接影响着系统容量和用户数据，本系统中，涉及水文信息监测网络、数据传输与存储系统、水文预测模型计算、GIS 平台四个功能子系统，系统处理性能应能够满足各子系统的正常、稳定运行。

(2)系统可用性分析。

重庆市港航管理部门及其下属机构的业务管理人员是本系统的主要用户，使用该系统可进行日常业务的管理操作、数据查询、数据分析等功能，系统需具有较高的可用性，确保 7 × 24h 高效运转。

(3)系统响应时间。

根据工程心理学的相关理论，考虑到不同类型用户对响应时间的忍耐程度，结合重庆市水上安全监测预测系统的模型计算过程，要求系统将计算的结果在 0.5 ~ 1s 内输出并显示给用户。

(4)系统可扩展性。

乌江示范段是重庆市水上安全监测预测系统的先行试验段，也是重庆航运安全建设的有机组成部分，本系统既需要充分考虑与重庆市、涪陵区港航管理部门已有信息系统的兼容和数据衔接，也要充分考虑示范段建设成果向重庆境内乌江全河段、嘉陵江、大宁河等流域的推广建设功能扩展需求。

应从以下几个方面考虑系统可扩展性：

①系统总体设计可扩展。

在示范段的基础上可扩展至重庆境内乌江、嘉陵江、大宁河三大长江支流全河段，并可形成重庆市水上安全监测预测系统整体框架。

②应用系统可扩展。

在本系统设计的应用系统基础上，可增加和扩充新的应用系统，基于 SOA 架构，实现新旧系统可有机整合。

③功能设计可扩展。

系统采用模块化设计，模块之间低耦合，可在现有系统功能模块的基础上增加扩展新的功能模块，新旧功能模块可配合使用。

④数据库设计可扩展。

在本系统数据库设计的基础上可扩建新数据库，新旧数据库之间互留接口，可做到数据格式统一，有效衔接。

(5)信息安全需求。

本系统所涉及的水文监测、洪水预测预报、航道地理信息、决策支持等数据包括国家、社会重要基础设施属性及自然、经济运行数据，具有一定信息安全保护要求，一旦信息泄露或者系统遭受破坏，会对社会秩序和公共利益造成不同程度损害，也有可能对国家和社会造成损害。因此，本工程在建设期间需制订详细的信息安全保护方案，并在实施中落实完善。

8.1.4　主要建设任务

本工程建设任务主要包括水文监测站点数据采集系统建设、数学预测模型研发和应用系统建设三部分内容，具体如下：

(1)建设水文监测站点数据采集系统。

本项目示范段在乌江航道沿线部署建设 5 个水文监测站点，安装有稳定性好、精度高、功耗低、安装维护方便的水位计、流速仪等硬件设备，实现对水文运行数据的自动采集和无线传输。

(2)研发水文信息数学预测模型。

基于水文实时监测信息、河网地形信息和边界植被等信息，研发水文信息数学预测模型，预测分析下游河段的洪峰水位、流量和到达时间，并实现水位过程演进、洪水等级预测等。

(3)水文安全监测预测系统软件开发。

采用模块化的设计方法，对系统总体架构、功能要求进行分析和设计，开发基于 GIS 平台的重庆水上安全监测预测系统，实现航道水文监测、洪水监测预测的可视化管理，为港航管理部门提供科学有效的数据信息服务和决策支持。

8.1.5　关键技术问题

本研究需解决的关键技术问题主要包括：

(1)解决高山峡谷地区水文信息自动化监测难题。

本项目的示范航段——乌江银盘电站至河口段全长 79km，多为典型的高山峡谷型河道，河谷深切、河床比降大、滩多、水急、人烟稀少,给精密水文监测仪器的选址安装带来较大困难,科学选择监测站点位置和合适的科学仪器设备是本项目需解决的首要技术问题。

①科学合理的监测站点选址。

乌江为山区河流,监测站点选址需考虑监测点的代表性,多选在河道顺直,流态平稳河段,同时还需考虑相邻监测站点的距离分布等因素。

②性能可靠、运行稳定的水文监测仪器。

乌江两岸为悬崖峭壁,安装维护工作极为复杂,运行环境也更为苛刻,需选择具有良好性能且安装维护方便的监测设备。

③高效稳定的信息传输方案。

示范段整体处于无线移动网络的覆盖范围下,但个别站点的数据传输会有不稳定现象,需综合考虑北斗短消息功能联合无线移动网络配合使用。

(2)解决长距离航道精准水文预测的难题。

考虑到航道地质条件、资金、运维等限制,航道水文监测站点的数量很难覆盖整个航道。因此,如何基于有限水文监测数据和航道地形条件,对整个航道的水文信息进行内插和外延,实现长距离航道任意位置和未来一定时间内水文信息的精准预测,是本工程需解决的核心技术问题。

①资料缺失条件下的水文信息精细化预报。

在长江、珠江等大江大河的水文预测方法通常是建设多个水文监测站点和气象站,同时考虑流域周边植被影响等多种因素,经过长期的运行和不断拟合获取未来时间的水文预测信息。受限于工程投资和时间周期,示范段只建设了最基本的水位和流速监测设备,通过对乌江流域水文的深入研究,建立水位—流速—流量相关模型,并实现未来 2h 内的水文信息精细化预测。

②自学习功能的数学预测模型开发。

示范段的水文预测数学模型可结合实时监测数据不断调整自身预测模型系数,运行时间越久,积累数据越多,通过大数据的不断积累与学习,数学模型调整的结果就会越接近实际值。

(3)解决基于 GIS 平台的水文信息可视化展示和管理难题。

基于 GIS 平台,构建统一的航道水上安全信息管理平台,实现水文监测站点信息的图形化显示、监测点实时水文信息的动态显示、预测洪水演进形象展示以及统计结果的图表化输出等功能,实现整体布局合理、操作方便、信息全面的航道综合水上安全监测预测系统。

8.2 系统总体建设

8.2.1 系统建设目标

本工程从乌江航运安全管理、应急指挥和平安港航的实际需求出发,采用先进的技术手段,采集乌江航道重点航段实时水文信息,开发科学的水文预测模型,构建以现场感知监测为基础、以水文预测为核心、以应用系统平台为载体、以支撑服务决策为目标,形成可用于航运安全管理、应急救助决策和面向社会公众服务的重庆市水上安全监测预测系统(乌江示范段),为应急指挥决策提供全面的数据参考和技术支撑。共同推进重庆市智慧水运、平安水运建设,

促进水路运输转型发展和健康发展。

本项目具体建设目标如下：

(1)水文监测数据精确。

通过建设性能可靠、分布合理的水文监测站点，实时采集乌江段水文动态信息，并通过3G/4G 网络、北斗通信等传输网络，实现监测信息的自动采集、有效传输和动态显示。具体监测目标包括：

①监测内容至少包括水位、表面流速、剖面流速。

②监测数据更新时间不低于 3min。

③水位测量精度不低于 1cm，表面流速测量精度不低于 0.05m/s，剖面流速测量精度不低于 0.02m/s。

(2)水文预测准确。

基于水文实时监测信息、河网地形信息和边界植被等信息，开发实时的水文信息预测模型，实现对航道任意位置以及未来一定时间内水文信息的精准预测，具体预测目标包括：

①有河道地形图数据的航道横截面支持精细化预测，提供横截面处未来 2h 内的水位流速变化情况。

②提供洪峰到达涪陵境内具体特征点的时间耗时。

③支持实时预测和手工输入辅助预测两种预测模式。

(3)可视化操作显示简洁直观。

基于 GIS 技术建设一套可视化的管理、监测、预测平台，实现水文监测站点、监测信息、预测结果信息的直观展示，并支持距离测量、面积计算和淹没分析等空间地理分析功能。具体目标包括：

①整体数据显示采用图表、曲线、仪表盘等直观显示方式。

②基于 GIS 的底图需支持遥感影像、高程图、电子地图等多种底图显示。

8.2.2　系统建设思路

系统建设思路可概括为“示范先行、循序推进，先进科学、服务为本”。

(1)示范先行、循序推进。

重庆市水上安全监测预测系统以乌江银盘电站至河口处共计 79km 为示范段，采用“示范段”到“重点航段”再到“全航段”的开发建设模式，通过示范段的建设摸清监测站点的现场安装条件以及建立基于示范段的水文预测模型。总结经验，提高监测站点安装的精确性、代表性、便捷性和可维护性。并通过系统的不断运行提升水文预测模型的准确性，使预测结果尽可能接近实际水文情况。待示范段建设成熟后，可将成果推广至重点航段，再到全航段，为类似其他山区大小河流开辟一条成熟先进的水文安全管理途径。

(2)先进科学、服务为本。

以乌江航道水上安全管理工作需求为基础，充分贯彻顶层设计、集成整合的思想，紧紧围绕重庆市水上安全监督管理主线，建设先进的水文监测站点、高效的数据传输网络和精确的分析计算模型，开发面向港航管理、应急决策和公共服务的信息系统，形成集中统一和集成共享

的航道安全管理信息平台。在此基础上,以数据为中心,以服务为导向,完善对航道水上安全管理的信息化、智能化支撑手段,深化航道信息资源的综合开发和深度挖掘利用,从而达到加强港航业务管理、提升航道安全监督、满足社会公众对航道安全信息需求的目的。

8.2.3 系统建设原则

为确保系统的成功建设与高效运行,在系统的建设与技术方案设计时遵循如下原则:

(1)整体性原则。

建设方案充分考虑系统的统筹规划和顶层设计。尤其是应用系统建设架构、数据模型输入输出条件、数据存储结构以及系统扩展规划等内容,需从全局出发、从整体的角度考虑。

(2)先进性原则。

系统构成采用成熟、具有国际领先水平,并符合国际发展趋势的技术、设备和软件开发方法。在设计过程中充分依照相关规范、标准,借鉴国内外目前成熟、主流的航道信息化系统的体系架构,保证系统具有较长的生命周期和扩展能力。保证先进性的同时,还要兼顾技术的稳定、安全性。

(3)高可靠性原则。

由于本系统兼具业务管理、应急决策、公众服务等功能,需满足不同应用场景下对系统高可靠性的要求,因此系统设计和数据架构设计中充分考虑系统的可用性、耐用性和可靠性。

(4)标准化原则。

为了保证系统数据库一次建设、多平台应用的目标,并且满足系统之间的数据整体与共享,系统仪器设备、数据库及各项功能设计均应遵循相关的国际标准、国家标准和行业规范。

(5)可扩展性原则。

系统设计充分考虑未来业务发展的需要,逻辑清晰,设计简明,降低各功能模块耦合度,并充分考虑各系统间的兼容性,在完成试验河段工程后,可迅速扩展至其他河段,并可以在用户数量、数据库容量、功能模块上进行扩展升级。

8.2.4 系统总体架构

重庆市水上安全监测预测系统(乌江示范段)总体架构如图 8-1 所示,在系统总体数据规划、技术标准体系下,系统按照数据采集、数据传输、数据处理和数据展示分为前端采集层、通信链路层、核心支撑层和业务应用层,同时设计比较完整的信息安全方案和运行维护保障体系。

(1)前端采集层。

前端采集层为现场建设的五个监测站点,分别为 WL01、WL02、WL03、FL01 和 FL02 监测站点。主要实现示范段现场水位和流速信息的动态采集。主要设备有压力式水位计、雷达式水位计、雷达波测速仪和声学多普勒剖面流速仪。根据每个监测站点的监测内容和现场环境选用合适的监测设备。

(2)通信链路层。

通信链路层可有效保障前端监测站点的数据传输。综合考虑数据传输时效性和现场网络覆盖情况选择合适的通信技术手段。本系统综合使用了 3G/4G 网络和北斗短消息传输方式，在移动网络覆盖较好的监测站点采用 3G/4G 网络通信手段；在移动网络覆盖较差的区域使用北斗短消息传输方式作为补充，整体上保证了数据传输的时效性和稳定性。

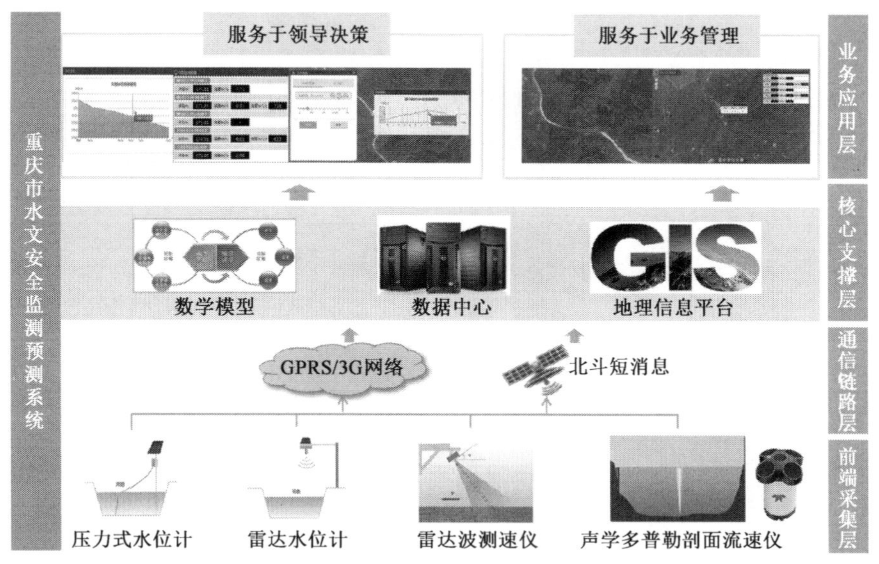

图 8-1　重庆水文安全监测预测系统架构

(3) 核心支撑层。

核心支撑层包括乌江水文预测数学模型的建立、监测数据中心和地理信息平台的搭建。乌江水文预测数学模型主要利用先进成熟的水文模拟预报模型，以五个监测站点的实时数据为监测输入条件，同时结合历史水文资料和航道地形图数据，预测未来 2h 内的水位和流速变化情况；监测数据中心为五个监测站点的数据汇聚中心，为建设乌江水文大数据中心提供数据支撑；地理信息平台为本次应用系统的支撑服务平台，为系统基础地理信息显示、操作、分析提供支撑。

(4) 业务应用层。

业务应用层是指围绕服务于港航局领导决策和服务于业务管理所开发的应用系统。主要包括实时水位流速动态监测、水文信息预测、水文信息统计分析、洪水发展过程动态展现等功能。

8.3　系统建设内容

本工程集软硬件研发、数学模型研究为一体，主要包括外场监测站点及配套建设、水文信息数学预测模型研究和业务应用系统研发等内容。

8.3.1　外场监测站点及配套

外场监测设施主要包括监测站建设、现场网络及通信设施建设、采集控制设备建设和现场供电保障系统建设。

(1)监测站建设。

监测站主要实现现场水文信息的采集,每个监测站点集成不同的设备,主要包括雷达水位计、雷达波测速仪、声学多普勒剖面流速仪和压力式水位计,根据各监测站监测内容实现水位、表面流速和剖面流速的测量。系统在乌江 79km 示范段综合建设五个监测站点,分别为 WL01、WL02、WL03、FL01 和 FL02,各监测站的位置分布如图 8-2 所示。其中 WL02 至 FL02 段共 43km 有 CAD 地形数据,可实现精细化预测。

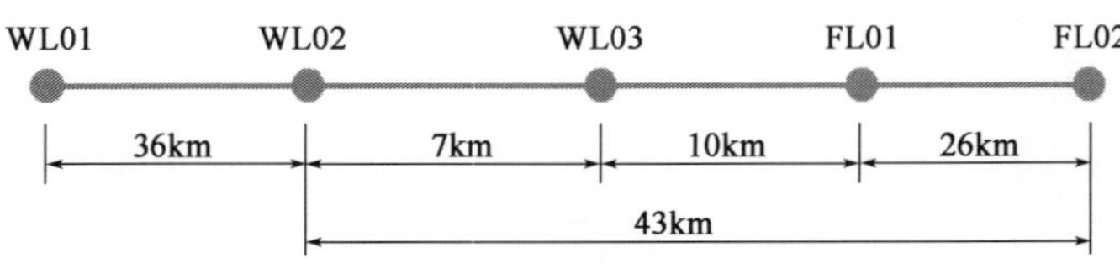

图 8-2　各监测站点距离分布

(2)现场网络及通信设施建设。

本工程数据传输在移动网络覆盖良好的监测站宜采用 3G/4G 网络通信方式,在移动网络覆盖较差的监测站通过北斗的短消息功能进行补充,保证数据传输的连续性。3G/4G 网络不需要额外建设,通过在每个监测站的采集控制设备内置 SIM 卡即可实现数据的传输;系统需额外建设一套北斗短消息发送设备,包括天线、接收机和发送机等。

(3)采集控制设备。

采集控制终端实现对各个水文或流速设备数据的采集汇聚处理,将数据编码成统一固定格式后,通过无线传输模块将数据传输到中央服务器。

(4)现场供电保障系统。

根据设备和系统的不同需求,乌江航道现场供电可采用不同的供电方式。在有市电覆盖的位置,如航道基地附近、工厂、村庄附近,可直接采用市电。在市电到达不了的地方,可采用太阳能电池板供电。

8.3.2　水文信息数学预测模型

水文信息数学预测模型是系统运行的关键,水文信息数学预测模型以实时监测水文数据为基础,结合历史水文资料和航道地形图,经过科学计算,预测未来两小时内的水位和流速信息。

受限于示范段雨量、地形数据的获取,本项目数学预测模型主要是利用 WL01 测站和 WL02 测站的实测水位资料,建立两测站水位的相关关系,由于 WL01 测站和 WL02 测站相距约 35.0km,利用 WL01 测站水位可实现对 WL02 测站水位的预报。另外,结合 WL02 测站上游约 27.5km 的武隆水文站的逐时水位、流量历史资料,可建立 WL02 测站的水位—流量关系。将 WL02 测站实时水位对应的流量作为一维模型上游边界,可输出河段的实时流量、水位等,将预报水位对应的流量作为模型上游输入边界,即可计算得到河段的预报流量、水位等。

8.3.3　业务应用系统

业务应用系统是重庆市水上安全预测预警系统(乌江示范段)的展现层,通过该系统,水文监测信息和预测信息可展现给港航部门相关管理人员。港航管理人员通过使用该系统提升业务管理效率和应急处置决策科学性。

该业务应用系统主要实现以下功能和要求：

(1) GIS 平台操作框架。

①平台底图支持遥感影像和矢量化电子地图叠加显示。

②平台具备距离量算、面积计算等常用空间地理分析功能以及拖拽平移、无缝缩放、标签备注等通用地图操作工具。

③平台设计符合一体化操作流程、界面搭配简洁大方。

(2) 监测数据实时动态更新。

①通过在航道监测区域综合布设监测站点，实时动态采集表面流速、剖面流速和水位高程。

②通过有限数量的监测站点获取航道任意位置处的水文信息。

③监测数据具有实时性好、精度高和代表性强等特点。

(3) 洪水预报分析。

①构建基于航道地形图和历年水文数据的精细化数学预测模型。预报信息包括洪水历时、洪峰流量和洪峰水位，通过闪烁和颜色搭配直观展现洪水发展过程。

②数学预测模型具备自学习功能，运行时间越长久，预报结果越准确。

③支持自动预报分析及手动模拟预报。

(4) 监测站点设备状态自检。

站点监测指标包括终端电池电压、工作温度、数据采集指示、通信网络强度等。实时掌握监测站点的工作运行状态，保障终端的稳定工作运行。

(5) 监测数据历史统计分析。

①综合统计分析各站点的水位信息、流速信息，积累水文监测信息大数据。

②监测数据作为宝贵的历史水文资料，服务领导决策。

(6) 安全预警管理。

①实现对流速和每个监测站点的水位分别设置安全值、警戒值和危险值。通过不同的阈值设置，控制数据显示颜色和报警级别。

②当监测数据超过设定阈值时，系统发出相应的报警信息，并播放不同频次声响提示。

(7) 日志管理。

管理员用户可以查看所有用户的系统登录情况和修改阈值信息，并可分类查询。

8.4　监测站点布设安装

监测站点布设安装工作主要包括监测站点选址、监测站点建设和监测设备安装。

8.4.1　监测站点选址

(1) 选址原则。

该系统在示范段建设 5 个监测站点，监测站点的选址需遵循以下原则：

①代表性原则。

站点所在位置应具有代表性,如坝下、支流汇入口以及转弯段等。由于乌江上游建立了增加通航水深的渠化工程,拦水坝泄水会导致坝下水位、流速骤增,因此在坝下建立监测站点是非常关键的;示范段上有两个主要支流,如遇降雨,支流汇入的河水也会使交汇段水位、流速陡增,因此在支流汇入口建设站点也是必要的;转弯段的气象、水位和流速对于船舶航行安全具有重要意义,对于转弯段的监测尤为重要,因此转弯段也应该建设监测站点。

②数据完备性原则。

站点建设应保证整个示范段流域的目标数据的完备性,除了在流速、水位变化范围较大的关键段建设站点,还应该在流速相对平缓、水位落差较小的流域建设站点,确保监测范围覆盖整个示范段,采集所得的数据能全面反映整个示范段的流速、水位等的变化情况。

③易施工原则。

根据以上两个原则确定站点的大概位置之后,在保证设备正常运行并达到监测目的的前提下,应根据具体环境,选择相对容易施工的位置建设站点。这样既能保证功能,又能尽可能地降低建设成本和后期维护成本。

(2)监测站点建设。

本工程中,为了满足系统准确监测预测的需求,需要在乌江试验段从上游银盘电站至下游乌江河口段中设置至少三类监测站点,分别完成如下功能:

①监测点。

考虑到银盘电站蓄水和放水对下游河段的水位和流速有非常大的影响,因此需要在银盘电站下游处设置一个水位和流速监测站点,监控银盘电站的放水情况,实现提前预警的作用。

②输入边界点。

本工程拥有乌江河道从白马到河口的河流地形图,考虑到白马上游来水的水位和流速以及长江水位均会对监测河段的水位和流速产生影响,因此需要在乌江河段的白马镇以及河口处布设两个监测点,作为后续计算模型的输入边界点。

③校核点。

本系统中,为了保证预测模型的计算结果精确,需要在监控河段内布置1~2个校核点,以研制模型计算的准确性。

根据上述要求,同时参考《内河航道与港口水流泥沙模拟技术规程》(JTJ/T 232—98)及《内河航道与港口水文规范》(JTJ 214—2000)布设原则,对乌江从银盘电站至河口段进行实地查勘,形成站点查勘及信道调查报告,并对建设地点的水文特性、地理环境、河流特点、地理坐标、高程进行实地查勘,测试监测站点的3G/4G、北斗卫星信号情况,最终确定了五个监测站点。

各监测点位置及监测内容如表8-1所示。

各监测点位置及监测内容 表8-1

序号	名称	位置	选点目的	监测内容	监测设备
1	WL01	银盘电站下游,距芙蓉江汇入口下游4km处,中兴村	警报系统	水位 表面流速	雷达水位计、雷达流速仪
2	WL02	顺得码头,白马镇下游,白马河汇入点下游2km处	输入边界	水位 垂面流速	雷达水位计、多普勒超声剖面流速仪

续上表

序号	名称	位　　置	选点目的	监测内容	监 测 设 备
3	WL03	白马镇下游,白马河汇入点下游 7.5km 处,狗脑壳	校核改进	水位	压力式水位计
4	FL01	建峰乌江大桥下端,河道顺直处,扰流较小,流态平缓	校核改进	水位 垂面流速	雷达水位计、多普勒超声剖面流速仪
5	FL02	乌江河口上游 1km 处,乌江二桥下	输入边界	水位 表面流速	雷达水位计、雷达流速仪

各监测站点的安装位置及监测内容如下:

①WL01 监测站。

WL01 监测站位于武隆区境内,具体位于银盘电站下游,距芙蓉江汇入口下游 4km 中兴村处。该监测站主要用于警报作用,一旦发现水位或流速上涨迅速,系统即可报警,主要监测水位和表面流速。

②WL02 监测站。

WL02 监测站位于武隆区境内,距白马河汇入口下游 2km 处,位于白马镇顺得码头处。该监测站作为水文预测分析数学模型的输入边界,主要监测水位和剖面流速。

③WL03 监测站。

WL03 监测站位于武隆区境内,距白马河汇入口下游 7.5km 处,位于白马镇下游狗脑壳处。该监测站作为水文预测分析数学模型的校核改进条件,主要监测水位。

④FL01 监测站。

FL01 监测站位于涪陵境内,建峰乌江大桥下端,此处扰流较小,流态较为平稳。该监测站作为水文预测分析数学模型的校核改进条件,主要监测水位和剖面流速。

⑤FL02 监测站。

FL02 监测站位于涪陵境内,乌江河口上游 1km 处,位于乌江二桥下。该监测站作为水文预测分析数学模型的输入边界,主要监测水位和表面流速。

8.4.2　监测设备建设

为满足各个站点对于不同数据监测的需求,本书采用了 WN15 系列一体式监测站,包含水位信息、流速信息、定位信息以及数据传输等功能,具有集成化程度高、施工简单、易扩展等特点,特别适合支流、坝下等水流变化大的河段监测。

WN15 系列一体式监测站的结构如图 8-3 所示,主要包括固定杆、太阳能基板、全球定位、数据传输、本地报警、水位测量、等功能,增强版本可扩展流速流量测量、能见度、降雨量、风速风向等功能。

8.4.2.1　水位监控设备

经传感器综合比选,本工程选用雷达水位计监测水位变化信息。雷达水位计采用 24GHz 平面微带雷达技术,可全天候稳定工作,测量结果准确可靠,同时具有非接触式探测、抗干扰性强及功耗低等优势。具体实物及安装方案如图 8-4 所示。

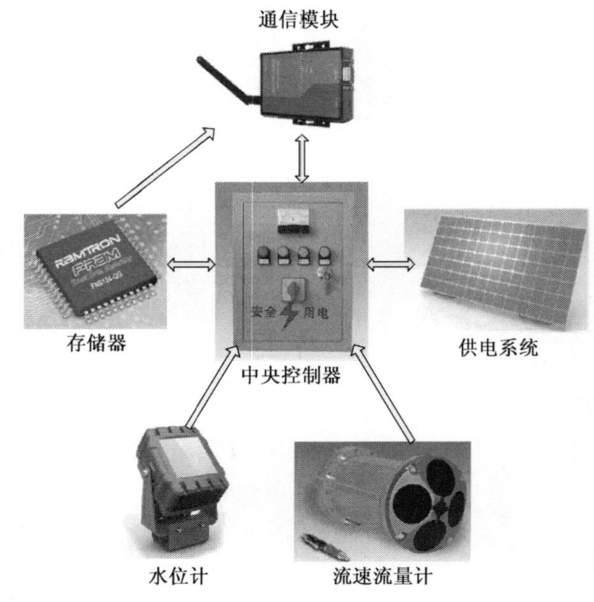

图 8-3　WN15 系统一体式监测站结构示意图

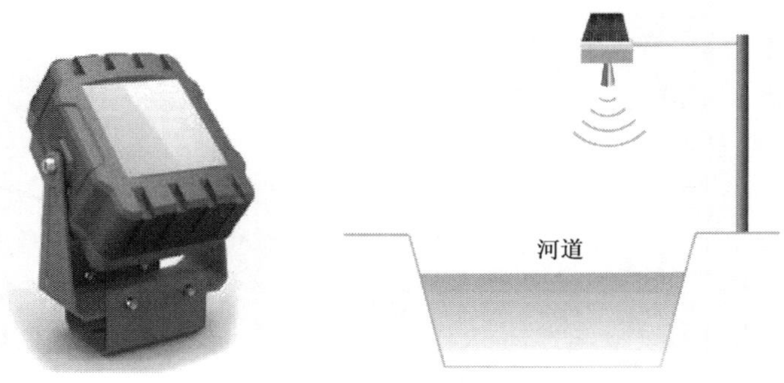

图 8-4　雷达水位计实物图及安装方案

(1)产品特点。

内置雷达探测模块。

24GHz 调频连续波(FMCW)制式,非接触式连续探测水位。

平面微带阵列天线(11°×11°),收发同步,方向性好。

可设定多种数据通信接口,方便用户系统对接。

防内部结露、防水、防雷设计,适用于各种野外环境。

测量运行和休眠模式相结合,节能降耗。

测量时间短(默认 2s),并可根据需要自行设置。

每秒约 16 次测量,有效消除水面波浪、仪器振动影响。

外观小巧,安装方便、易维护。

(2)技术参数。

测量范围:1.5～80m。

测量精度:≤ ±1cm。

分辨力:6mm。

响应时间:300 ~20000ms,默认2000ms。

测量间隔:1 ~480min,默认1min。

波特率:115200(默认),可调。

天线样式:平面微带阵列天线(11°×11°)。

发射频率:24.005 ~24.245GHz。

发射功率:20dBm。

工作电压: +7 ~28V DC。

工作电流:正常工作模式,12V 工作电压供电,工作电流 ≤ 150mA 低功耗(休眠)模式,工作电流 ≤ 1mA。

工作温度: -40 ~70℃。

防护等级:IP66。

尺寸:100mm×100mm×40mm。

外壳材料:前盖赛钢,后盖铝合金。

8.4.2.2　流速监控设备

针对流速监测,本工程在不同的监测站点选择了不同的设备,分别实现表面和剖面流速的测量。

(1)声学多普勒剖面流速仪。

声学多普勒剖面流速仪采用先进的平面阵相位排列技术,用于实时监测河流、河口、天然溪流和人工渠道流速流量。体积小巧,安装方便,既可做水平安装,也能做垂线安装,能为各种环境下流速测量提供更多灵活的安装选择。实物及安装方案如图8-5所示。

图8-5　剖面流速仪实物图及安装方案

主要技术参数:

测量范围:120m。

精度:2.0mm/s ±0.25%。

频率范围:0.6 ~2MHz。

最大流速: ±3.75m/s。

保护措施:电源、信号防雷等保护。

供电电源:12V DC。

信号输出:RS232。

功耗:采样功耗≤1.2W,休眠功耗≤0.1mW。

(2)雷达波测速仪。

雷达波测速仪采用24GHz微波频段对河流、泥浆、污水等表面流速进行非接触测量,可应用于水文监测、防洪防汛、环保排污监测等领域。实物及安装方案如图8-6所示。

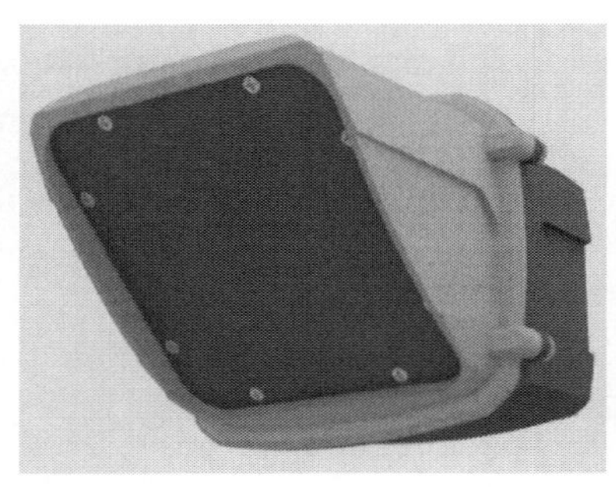

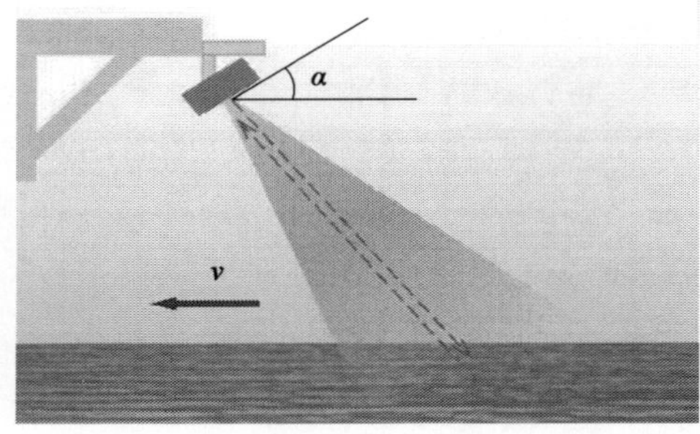

图8-6　雷达波测速仪实物图及安装方案

①产品特点。

非接触式表面流速测量,少维护,无泥沙、污水影响。

体积小,重量轻,功耗低,易于携带及与其他产品集成。

适合多种测量方式:桥上或岸边三脚架测量、桥下固定安装测量、缆道流量测量方式。

系统内集成倾角传感器,与水面倾斜角自动计算。

采用智能回波算法及软件滤波得到精确流速值并去除环境干扰。

②主要技术参数。

发射角度:12°×24°。

测速范围:0.1~7m/s。

测量精度:±0.05m/s。

角度补偿:垂直角度(自动),水平角度(手工输入)。

功率:1.0W。

工作温度范围:-40~+85℃。

外形尺寸:127mm×121mm×188mm。

质量:1kg。

防护等级:IP68。

有效距离:20m。

8.4.2.3　采集控制终端

采集控制终端实现对各个水位或者流速设备数据的采集处理,然后通过无线传输模块将数据传输到中央服务器。

该产品基本规格如表8-2所示。

采集控制终端基本规格表　　表8-2

开关量直流输入			开关量继电器输出	
输入点数	12,其中4路可配置HSC		输出点数	6路继电器
输入电压范围	12V DC/24V DC		单通道最大输出电流	3A,250V AC,阻性负载
通道最大电压	35V DC		最大输出总电流	5A
输入阻抗	10kΩ		最大输出电压	275V AC,30V DC
输入电流	正逻辑	负逻辑	最大功率	1250V,150W
ON 限值	0.8mA	-1.6mA	耐压	1000V AC
OFF 限值	0.3mA	-2.1mA	额定电流下最大电压降	0.5V
ON 限值电压	8V DC		寿命	无负载:5000000h
OFF 限值电压	3V DC			额定负载:100000h
OFF 到 ON 的响应时间	1ms		最大开关频率	无负载:300次/min
ON 到 OFF 的响应时间	1ms			额定负载:20次/min
模拟量输入			响应时间	每扫描周期+10ms
输入通道数	4		通用规格	
输入范围	0~10V DC		电源要求	(稳态)130mA,24V DC
	0~20mA			(浪涌)30A,小

8.4.2.4 无线传输终端

为了保证数据传输稳定性和可靠性,本工程采用了3G/4G和北斗双模的数据传输模式。普通状况下,均采用3G/4G进行无线数据的传输,当3G/4G系统出现停电或者无信号的情况下,就采用北斗通信作为备用模式,保证数据传输的稳定可靠。

(1)3G/4G传输终端。

串口设备联网是一种物联网无线数据联网终端,利用公用3G/4G网络为用户提供无线长距离数据传输功能。同时可为串口、网络和电源线提供浪涌保护,通过Web快速配置即可实现终端数据的传输。终端传输设备如图8-7所示。

图8-7　3G/4G传输终端实物图

该设备具有以下产品特点:

功耗极低,仅1W左右。

可通过Web快速配置。

串口、网口和电源线提供浪涌保护。

COM口分组和UDP广播。

电源接口螺旋连接,连接更安全。

Real COM/TTY驱动程序,适用于Windows和Linux。

标准TCP/IP接口,支持通用TCP和UDP操作模式。

(2)北斗信息传输终端。

北斗信息传输终端是一款支持北斗 RDSS/RNSS 功能的一体机。其内部集成了北斗多频天线、射频、基带以及主控板,可实现 RDSS 定位、短报文通信和 RNSS 导航定位等功能。该系统体积小、功耗低,连接简单、操作方便,可广泛应用于卫星通信、船载导航,以及应急救援等领域。具体实物如图 8-8 所示。

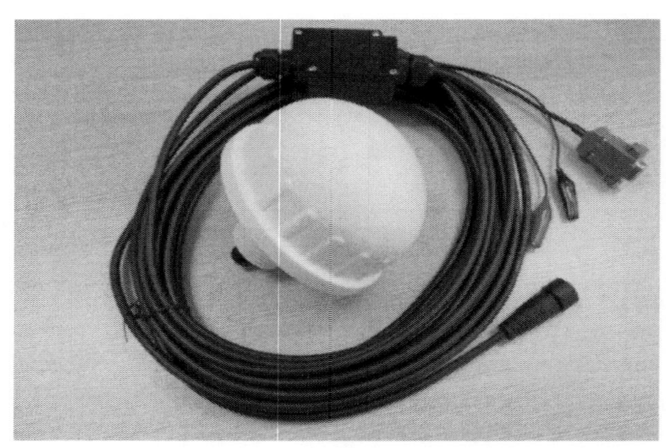

图 8-8　北斗传输终端实物图

产品特点:

全天候的双向短报文通信和导航定位功能。

支持 BDS/GPS 双模工作,保证导航定位更加稳定。

集成化程度高,RDSS 模块、RNSS 模块及天线融于一体。

采用防水设计 IP67,可在室外可靠工作。

8.4.2.5　现场供电系统

本工程针对外场设备采用了市电 + 太阳能 + 电池的组合式供电方式,保证系统能在长时间稳定运行。其中太阳能部分采用了 300W 太阳能发电系统提供电源,供电系统产品特点如下:

可供交、直流两种类型的负载使用。

智能化控制设计,采用微处理器和特制一体化机箱系统。

提供多个输出接口:12V DC 两个、USB 5V 两个、220V AC 一个。

充电控制采用提升、直充、浮充自动切换方式,过充、过放、电子短路过载保护等全自动控制。

实时监测蓄电池电压、电流、充放电率及环境温度,对过充过放控制进行多参数动态补偿运算调整,实现系统的动态优化控制。

逆变部分采用高抗负载冲击设计,确保交流负载的正常启动和驱动能力。

组件使用的可扩展性,本系统可使用 100W/18V 或 120W 之内的太阳能组件(18V)对系统进行充电,以实现快速充电的需要。

太阳能电池板和蓄电池实物如图 8-9 所示。

图 8-9　太阳能电池板及蓄电池

8.4.3　监测站点安装

8.4.3.1　路基式遥测站安装

(1)机座开挖及浇筑。

基座尺寸:800mm×800mm×900mm,采用 C20 混凝土浇筑。

(2)主杆支架。

尺寸:ϕ150mm×3000mm,无缝镀锌钢管,管壁不少于 5mm 厚度,主杆表面首先进行热镀锌,再进行喷塑处理,主杆上应有“防洪设施、严禁破坏”和雷电警示标识。

(3)预埋件。

材料尺寸:ϕ150mm×3000mm,采用无缝镀锌钢管,管壁厚度不少于 5mm,法兰盘采用标准成型的法兰盘进行焊接。

(4)采集平台。

尺寸:1100mm×1100mm×640mm,主要材料为 30 扁钢、40 角钢,表面进行热镀锌处理。

(5)避雷针接地系统。

接地系统按照《建筑物防雷设计规范》(GB 50057—1994)进行设计,接地材料选用等边角钢∟50×50×5,接地母线选用热镀锌扁钢 -40×4。加工完后进行热镀锌处理。设备接地电阻≤4Ω。建有独立避雷针的接地系统,避雷接地电阻≤10Ω,要求接地系统设施完好,接地性能良好。

路基式遥测站如图 8-10 所示。

图 8-10　路基式遥测站

8.4.3.2 桥基式遥测站安装

(1)基座安装。

直接采用 ϕ10mm 的不锈钢水泥螺钉在桥基的侧面及底面进行打孔,并用其将其固定监测设备固定在桥基的侧面及底面。

(2)设备避雷系统。

采用 50×50 镀锌角钢,接地电阻小于 4Ω,建有独立防雷接地避雷针的接地电阻小于 10Ω,要求接地系统设施完好,接地性能良好。

桥基式遥测站如图 8-11 所示。

图 8-11　桥基遥测站

8.4.3.3 沉底式安装

声学多普勒剖面流速仪(ADCP)需要采用沉底式安装,沉到江底后需要用锚进行固定,安装比较困难。

(1)声学多普勒流速剖面仪。

应根据测验河段水文特性、测站特征和水深、流速、含沙量等水文要素特征综合考虑,尽量选择适用范围大的型号,并根据测站具体要求,配备外接设备。

图 8-12　正在进行 ADCP 的沉底安装

(2)声学多普勒流速剖面仪安装要求。

①应设计具有一定灵活性、易于仪器安装及仪器快速升降或离开水面的仪器安装架。

②ADCP 安装架必须牢固,经相关计算,应能够承受涨大洪水时水流产生的冲击。

③ADCP 能监测最低水和最高水的流速,纵横向安装角度在仪器设备要求范围内。

④在保证测流安全条件下,ADCP 尽力安向河道中央。

⑤换能器应垂直安装,正向指向河道对岸,应尽量与河道断面垂直。

声学多普勒剖面流速仪安装现场如图 8-12 所示。

8.5　数学预测模型研发

对工程示范段的查勘与调研发现,该流域地形地貌、土壤类型、面积及坡度等自然地理资料匮乏,仅有 WL02 测站至 FL02 测站之间河段的地形资料;也缺乏水位、雨量等水文气象测站,仅有水利部门在武隆区巷口镇布设的武隆水文站。因此,降雨径流预报方法、流域水文模型等应用于本工程难度较大。基于上述分析,本工程将 WL02 站水位预报与一维非恒定流数学模型相结合实现对示范河段水情的实时演示和预报分析。

基本思路是:由于 WL02 站位于 WL01 站下游 35km,WL02 站水位变化相对 WL01 站水位变化具有滞后性,同时考虑到下游水位(WL03 站)的顶托影响,可使用三个测站的实测水位资料,建立 WL01 站、WL03 站水位与 2h 后 WL02 站水位的相关关系,从而实现利用 WL01 站和 WL03 站过去 2h 水位数据对 WL02 站未来 2h 水位的预报。例如,以当前时刻为 t_0 时刻,可利用 $t-0.5$h 时刻 WL01 站和 WL03 站水位数据预报 $t+1.5$h 时刻 WL02 站水位,可利用 t_0 时刻 WL01 站和 WL03 站水位数据预报 $t+2$h 时刻 WL02 站水位。

另外,结合 WL02 测站上游约 27.5km 的武隆水文站的逐时水位、流量历史资料,可建立 WL02 测站的水位—流量关系。将 WL02 测站实时水位对应的流量作为一维模型上游边界,可输出河段的实时流量、水位等,将预报水位对应的流量作为模型上游输入边界,即可计算得到河段的预报流量、水位等。数学模型技术路线可见图 8-13。

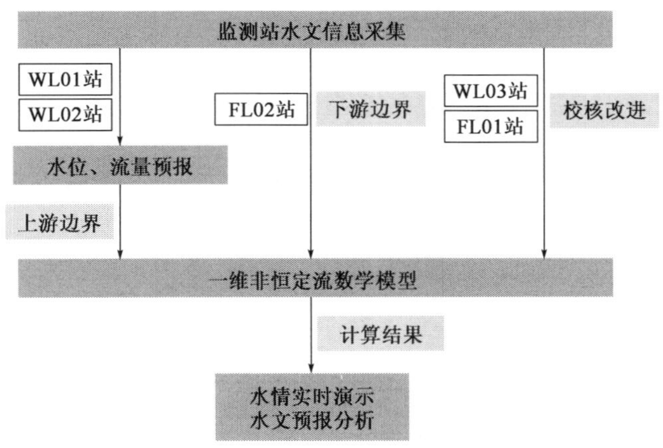

图 8-13　数学模型技术路线图

8.5.1　WL02 站水位预报

8.5.1.1　多元线性回归模型

(1)多元线性回归关系。

当一个或几个相互联系的变量取一定数值时,与之相对应的另一个变量的值虽然不确定,但它依然按某种规律在一定范围内变化,变化量间的这种关系,称为相关关系。多元线性回归模型研究多个变量之间的相关关系,在回归方程中考虑两个以上的因素作为自变量,且因变量与自变量之间属于线性关系,又称为复线性回归。水文现象是一种非常复杂的自然现象,每一种水文变量都受到许多错综复杂因素的影响。所以,水文变量之间广泛存在着多元线性回归关系。

(2)多元线性回归方程及求解。

①建立线性回归模型。

$$y = \beta_0 + \beta_1 x_1 + \beta_2 x_2 + \cdots + \beta_m x_m + \varepsilon \tag{8-1}$$

式中: y——因变量;

$x_1, x_2, \cdots, x_m$——自变量;

$\beta_0, \beta_1, \cdots, \beta_m$——回归系数;

ε——正态分布 $N(0,\delta)$,除表示 $x_1, x_2, \cdots, x_m$ 以外其他因素对 y 的影响外,还包括 $x_1, x_2, \cdots, x_m$ 对 y 的非线性影响。

对于自变量的每一组确定值 $x_{1t}, x_{2t}, \cdots, x_{mt}$,式(8.1)可表示为:

$$y_t = \beta_0 + \beta_1 x_{1t} + \beta_2 x_{2t} + \cdots + \beta_m x_{mt} + \varepsilon_t \tag{8-2}$$

②建立正规方程组及求解回归系数:

若以 $b_1, b_2 + \cdots + b_m$ 表示 $\beta_0, \beta_1, \cdots, \beta_m$ 的估量值,则观测值 y_t 可表示为:

$$y_t = b_0 + b_1 x_{1t} + b_2 x_{2t} + \cdots + b_m x_{mt} + \varepsilon_t \tag{8-3}$$

此式成为经验回归方程,$b_1, b_2, \cdots, b_m$ 成为经验回归系数,ε_t 通常称为"残差"或"剩余",用最小二乘法估计 $\beta_j (j = 0, 1, \cdots, m)$,就是要选择 $b_j (j = 0, 1, \cdots, m)$,使 $Q_s = \sum \varepsilon_t^2 = \sum (y_t - b_0 - b_1 x_{1t} \cdots - b_m x_{mt})^2$ 最小。

按最小二乘法原理,使 Q_s 达到极小值的 $b_1, b_2, \cdots, b_m$ 满足方程组:

$$\begin{cases} \dfrac{\partial Q_s}{\partial b_0} = 0 \\ \dfrac{\partial Q_s}{\partial b_j} = 0, j = 1,2,\cdots,m \end{cases} \tag{8-4}$$

整理后可得:

$$\bar{y} = b_0 + \sum_{j=1}^{m} b_j \overline{x_j}, j = 1,2,\cdots,m \tag{8-5}$$

$$\sum_t [(y_t - \bar{y}) - \sum_{i=1}^{m} b_j (x_{jt} - \overline{x_j})](x_{it} - \overline{x_i}) = 0, i = 1,2,\cdots,m \tag{8-6}$$

其中,$\bar{y} = \dfrac{1}{n} \sum_t y_t$,$\overline{x_j} = \dfrac{1}{n} \sum_t x_{jt}$

令

$$\begin{cases} l_{ij} = \sum_t (x_{it} - \overline{x_t})(x_{jt} - \overline{x_j}), i,j = 1,2,\cdots,m \\ l_{iy} = \sum_t (y_t - \bar{y})(x_{it} - \overline{x_i}), i,j = 1,2,\cdots,m \end{cases} \tag{8-7}$$

式(8-5)可写成:

$$\begin{cases} b_1 l_{11} + b_2 l_{12} + \cdots + b_m l_{1m} = l_{1y} \\ b_2 l_{21} + b_2 l_{22} + \cdots + b_m l_{2m} = l_{2y} \\ \cdots\cdots \\ b_2 l_{m1} + b_2 l_{m2} + \cdots + b_m l_{mm} = l_{my} \end{cases} \tag{8-8}$$

其中，l_{ij}及 l_{iy}可由观测资料求出，由式(8-8)可解出 $b_1, b_2, \cdots, b_m$，再由式(8-5)解出 b_0。

③复相关系数。

相关系数描述随机变量间线性关系的好坏。因变量 y 与自变量 $x_1, x_2, \cdots, x_m$ 间线性关系的密切程度称为复相关系数 R。观测值对样本平均值的离差称为观测值的总离差，观测值对回归估计值的离差称为残差或剩余，回归估计值对样本平均值的离差称为回归离差。总差方和 Q_z 可分解为回归差方 Q_h 和剩余差方 Q_s。复相关系数 R 可以用 Q_h 与 Q_s 的比值来刻画。

$$R = \sqrt{\frac{Q_h}{Q_z}} \tag{8-9}$$

(3) WL02 站水位相关关系及验证。

根据多元线性相关模型，WL02 站 2h 后水位与上游 WL01 站水位、下游 WL03 站水位相关模型可表示为：$y = b_0 + b_1 x_1 + b_2 x_2$，其中，WL02 站 2h 后水位为 y，上游 WL01 站水位为 x_1，下游 WL03 站水位为 x_2，b_0 为常数项，b_1、b_2 为相关模式的参数。

本文选取 2017 年 6 月 2 日～8 月 3 日逐时水位资料，采用多元线性回归模型对 WL01 站 2h 后水位、WL02 站和 WL03 站水位相关关系进行模拟。

经计算得出 b_0 为 -10.09，b_1 为 0.2276，b_2 为 0.8227，线性相关方程为 $y = 0.2276x_1 + 0.8227x_1 - 10.09$，复相关系数为 0.96。

图 8-14～图 8-19 为不同时间段 WL02 站实测水位资料与多元线性回归模型计算值对比，可见拟合程度较好，表明该相关方程准确实用。

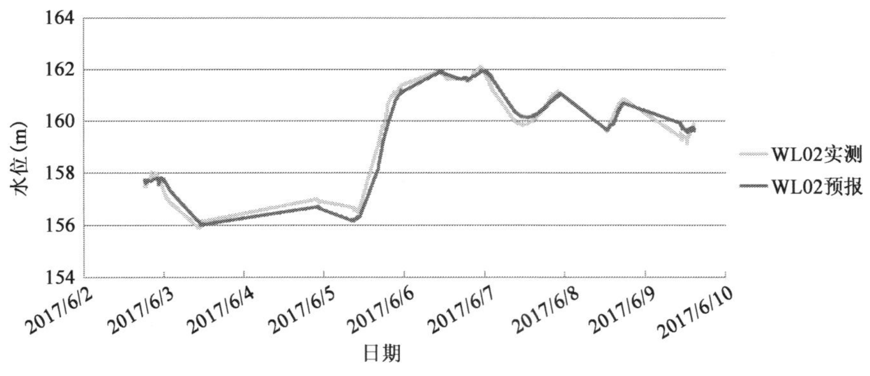

图 8-14　WL02 站水位模型计算值与实测值对比

8.5.1.2　相应水位法

相应水位(流量)预报是根据天然河道洪水波运动原理，分析洪水波在运动过程任一位相水位(相当于水位过程线上任一时刻的水位)自上站传播到下站时的相应水位及其传播速度的变化规律，即研究河段上下游断面相应水位间和水位与传播速度之间的定量规律，建立相应水位间的相关关系，据此进行预报的一种简便方法。

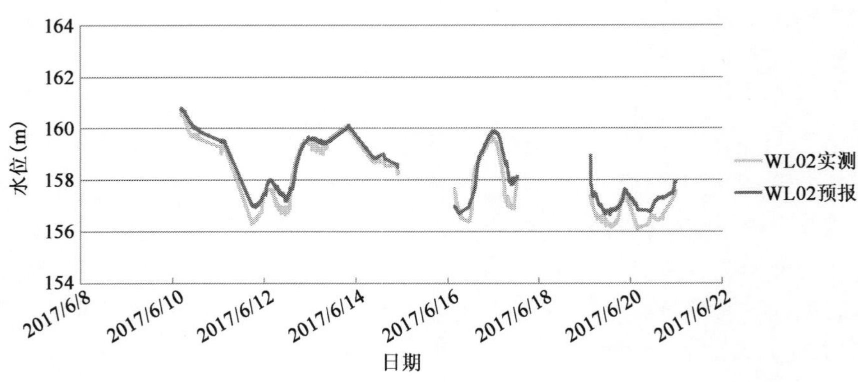

图 8-15　WL02 站水位模型计算值与实测值对比

图 8-16　WL02 站水位模型计算值与实测值对比

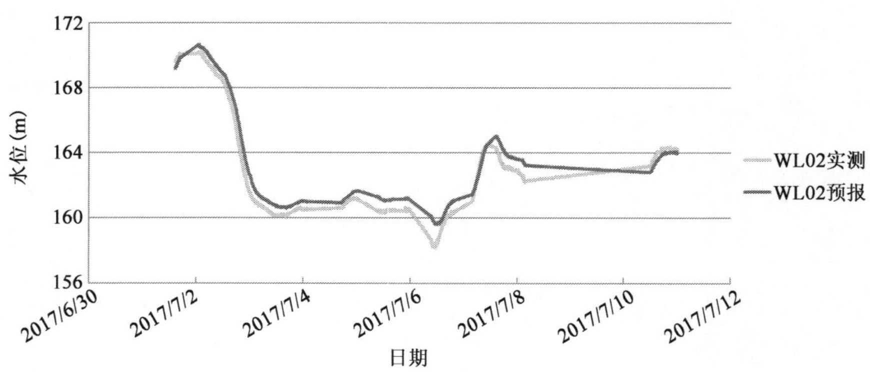

图 8-17　WL02 站水位模型计算值与实测值对比

相应水位是指河段上、下游站同位相的水位。相应水位(流量)预报,简要地说就是用某时刻上游站的水位(流量)预报一定时间(如传播时间)后下游站的水位(流量)。

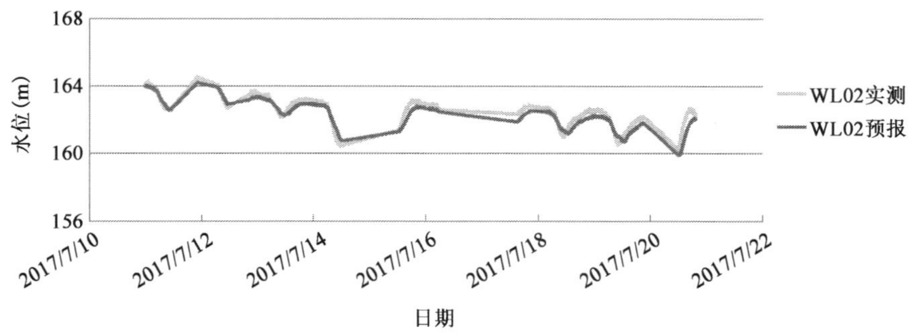

图 8-18　WL02 站水位模型计算值与实测值对比

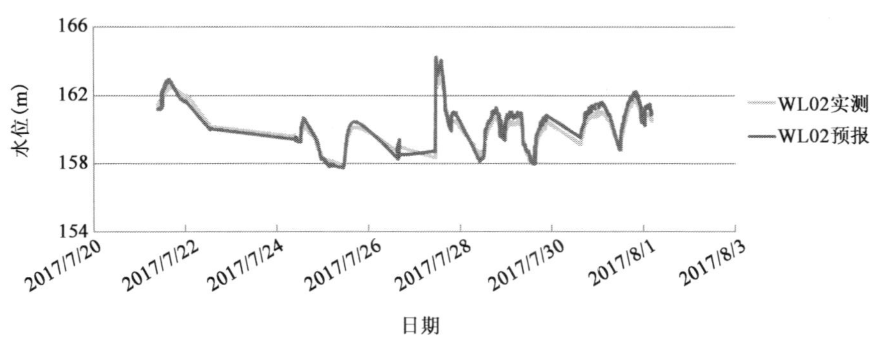

图 8-19　WL02 站水位模型计算值与实测值对比

在天然河道里，当外界条件不变时，水位的变化总是由于流量的变化所引起的，相应水位的实质是相应流量，所以研究河道水位的变化规律，应当研究河道中形成这个水位的流量的变化规律。设在某一不太长的河段中，上、下游站间距为 L，t 时刻上站流量为 $Q_{u,t}$，经过传播时间 τ 后，下站流量为 $Q_{l,t+\tau}$，若无旁侧入流，上、下游站相应流量的关系为：

$$Q_{l,t+\tau} = Q_{u,t} - \Delta Q \tag{8-10}$$

如在传播时间 τ 内，河段有旁侧入流加入，并在下游站 $t+\tau$ 时刻形成的流量为 $q_{t+\tau}$，则：

$$Q_{l,t+\tau} = Q_{u,t} - \Delta Q + q_{t+\tau} \tag{8-11}$$

式中：ΔQ——上、下游站相应流量的差值，它随上、下游站流量的大小和附加比降不同而异，其实质是反映洪水波变形中的坦化作用。

另一方面洪水波变形引起的传播速度变化，在相应水位（流量）法中主要体现在传播时间关系上，其实质是反映洪水波的推移作用。

先假定最简单的情况，即不计展开量 ΔQ，又无区间入流 $q_{t+\tau}$，则：

$$Q_{l,t+\tau} = Q_{u,t} \tag{8-12}$$

设水位—流量（H—Q）关系为：

$$Q = aH^m i^{\frac{1}{2}} \tag{8-13}$$

代入得

$$a_l H_l^{m_l} i_l^{\frac{1}{2}} = a_u H_u^{m_u} i_u^{\frac{1}{2}}$$

$$H_{l,t+\tau}^{m_l} = \frac{a_u}{a_l}\left(\frac{i_u}{i_l}\right)^{\frac{1}{2}} H_{u,t}^{m_u} = \frac{a_u}{a_l}\left(\frac{i_{0,u} + i_{\Delta,u}}{i_{0,l} + i_{\Delta,l}}\right)^{\frac{1}{2}} H_{u,t}^{m_u} \tag{8-14}$$

式中：i_u、i_l——上下游站的水面比降；

$i_{0,u}$、$i_{0,l}$——上下游站稳定流时的水面比降；

$i_{\Delta,u}$、$i_{\Delta,l}$——上下游站的附加比降；

a_u、m_u——上游站水位—流量关系的系数和指数；

a_l、m_l——下游站水位—流量关系的系数和指数。

由上式可知，当 $a_u = a_l$、$i_u = i_l$、$m_u = m_l$ 时，则相应水位关系为一条单一的 45°直线；对于其他的情况，则相应水位关系为曲线关系并且随着附加比降而变动。

传播时间是洪水波以波速由上站运动到下站所需的时间。其基本公式为：

$$\tau = \frac{L}{u} \tag{8-15}$$

式中：τ——传播时间；

L——上下游站间距；

u——波速。

在棱柱形河道里洪水波波速 u 与断面平均流速 $\bar{v}$ 间的关系为：

$$u = \lambda \bar{v} \tag{8-16}$$

式中：λ——断面形状系数，或称波速系数，它取决于断面形状和流速计算公式，不同断面形状和流速公式的 λ 值见表 8-3。

波速系数数值表 表 8-3

断面形状	曼宁公式 $v = \frac{1}{n} R^{\frac{2}{3}} S^{\frac{1}{2}}$	谢才公式 $v = C\sqrt{RS}$
矩形	1.67	1.50
抛物线形	1.44	1.33
三角形	1.33	1.25

注：表中 R 为水力半径；S 为水面比降。

所以传播时间可按下式推求：

$$\tau = L/\lambda \bar{v} \tag{8-17}$$

式(8-10)及式(8-17)是河道相应水位(流量)预报的基本关系式。$q_{t+\tau}$ 可用其他方法预报。

在无旁侧入流的天然棱柱形河道中，对于固定河段，洪水波在运动中变形随水深及附加比降不同而异。所以式(8-10)、式(8-11)中的 ΔQ 及式(8-15)中的 τ，是水位和附加比降的函数，即 $Q_{l,t+\tau}$ 和 τ 值均依 $Q_{u,t}$ 和比降的大小等因素而定。但在相应水位(流量)法中，不直接计算 ΔQ 值和 τ 值，而是推求上站流量(水位)与下站流量(水位)及传播时间的近似的函数关系，即：

$$Q_{l,t+\tau} = f(Q_{u,t}, Q_{l,t}) \tag{8-18}$$

$$\tau = f(Q_{u,t}, Q_{l,t}) \tag{8-19}$$

式(8-18)、式(8-19)中,流量 Q 用水位 Z 代换,意义相同。

从河段 WL01 测站和 WL02 测站实测水位资料中摘录相应的洪峰水位值及其出现时间(图 8-20),即可点汇相应洪峰水位关系曲线及其传播时间曲线,如图 8-21 和 8-22 所示。

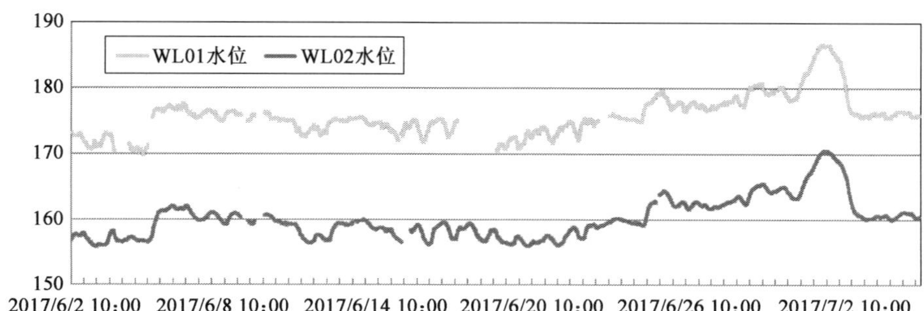

图 8-20　WL01 和 WL02 水位过程曲线

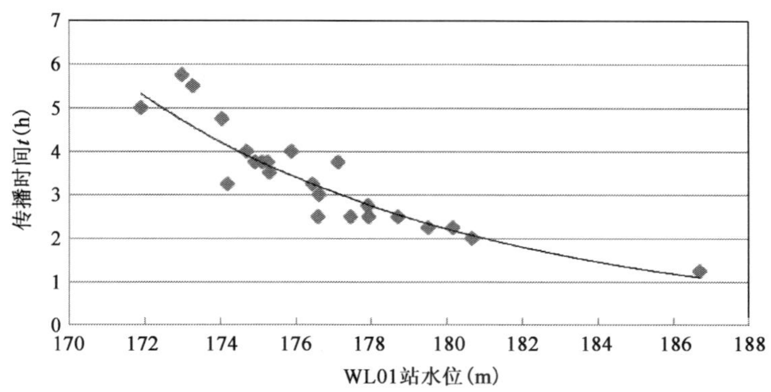

图 8-21　WL01 ~ WL02 测站洪峰传播时间关系

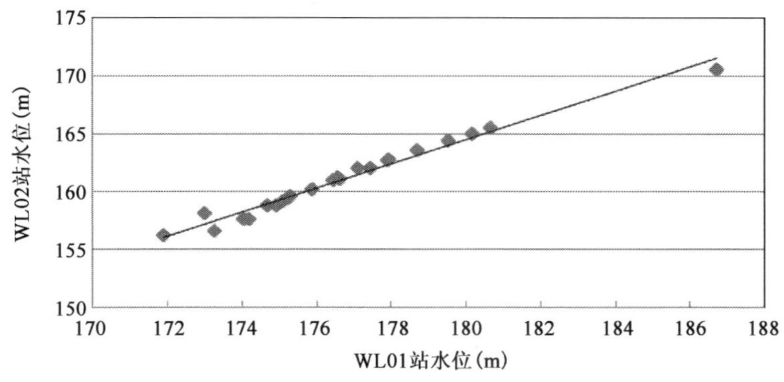

图 8-22　WL01 ~ WL02 测站水位关系

WL01 测站和 WL02 测站水位及传播时间的近似函数关系见式(8-20)和式(8-21)。

$$\tau = -0.0007Z_{\mathrm{WL01}}^3 + 0.3731Z_{\mathrm{WL01}}^2 - 70.992Z_{\mathrm{WL01}} + 4505.2 \tag{8-20}$$

$$Z_{\mathrm{WL02}} = 1.0406Z_{\mathrm{WL01}} - 22.818 \tag{8-21}$$

式中:Z_{WL01}——WL01 测站水位;

Z_{WL02}——WL02 测站水位。

8.5.2 WL02 站水位—流量关系确定

考虑到一维非恒定流数学模型上游使用流量边界,结合 WL02 测站上游约 27.5km 的武隆水文站的逐时水位、流量历史资料,忽略支流汇入,使用 8.5.1 节的相应水位法,可建立 WL02 测站的水位—流量关系。

WL02 测站水位及武隆水文站流量过程线可见图 8-23,使用相应水位法得出的水位—流量关系曲线可见图 8-24。

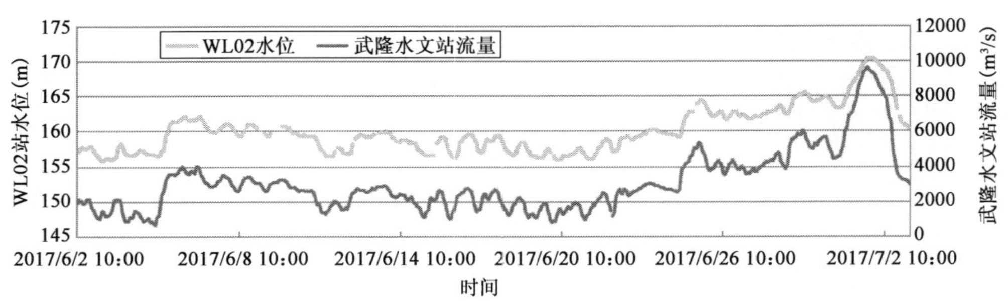

图 8-23 WL02 测站水位及武隆水文站流量过程线

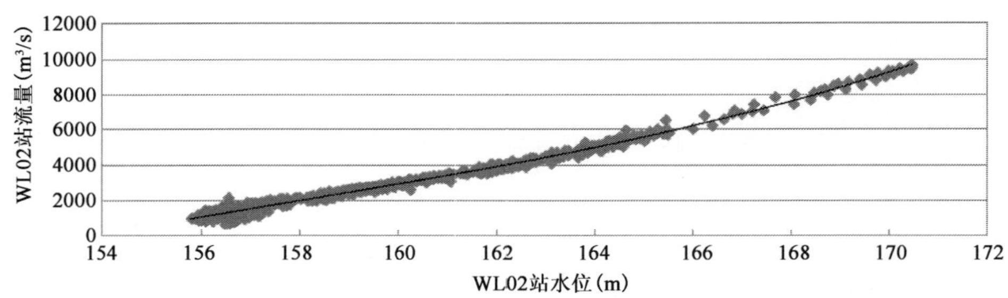

图 8-24 WL02 测站水位—流量关系曲线

WL02 测站水位—流量关系曲线见式(8-22),将 WL02 测站实时水位计算得出的流量作为上游边界,可输出河段的实时水情,将预报水位计算得出流量作为上游边界,即可计算得到河段水情的预报。

$$Q_{\mathrm{WL02}} = 0.991Z_{\mathrm{WL02}}^{3} - 469.473Z_{\mathrm{WL02}}^{2} + 74590.590Z_{\mathrm{WL02}} - 3972414.552 \qquad (8\text{-}22)$$

8.5.3 一维数学模型的建立及求解

洪水波在河道中的演进属于明渠非恒定流,河道洪水演进是非恒定流水力学计算问题,它的基本依据是圣维南方程组。按目前研究情况,模型大体分为两类:一类是水文学模型,另一类是水力学方法。

(1)水文学模型。

由于圣维南方程组动力学求解方法过程复杂,在水文模型中一般先对圣维南方程组进行简化,然后再进行求解。通常将圣维南方程组简化为运动波、扩散波或惯性波方程,然后再进行求解。杜格(C. I. Dooge)把忽略惯性项的圣维南方程组线性化,求得了扩散方程与马斯京根洪水演算法,并导出了马斯京根法 x 值的理论公式。孔奇(Cunge)对扩散方程进行差分离散,取其二阶近似,也得到了马斯京根洪水演算法及马斯京根法 x 值的理论公式。由此可见,洪水演算相当于求解扩散波方程。常见的洪水演算方法有马斯京根法与特征河长法。

水文学方法的最大优点是简单地把经验和实时信息结合进来,另外对河道地形资料要求较少。缺点是很难用于河道特征变化之后的洪水预报。

(2)水力学模型。

始于 20 世纪 60 年代的流体动力学数值模拟,是在计算机问世之后,综合流体力学、计算数学以及各种生产应用技术而发展起来的一门新兴学科。流体运动数值模拟,国外始于 20 世纪 60 年代,国内始于 20 世纪 70 年代,并于 20 世纪 70 年代末以后有大量研究成果问世。从总体情况来看,20 世纪 70 年代以河口一维潮流计算为主,进入 20 世纪 80 年代后,除继续应用推广一维计算模型外,大多已采用二维数值模拟模型,并按需要配以泥沙、温度、盐度和污染物等物质输移模型,三维模型也已逐步展开,并取得了显著的进展。数值计算的方法主要有,有限差分法、有限元法、有限体积法和特征线法。在河道洪水演算中,处理好支流汇入,确定好演算参数,是最主要的两项工作。

结合重庆市水文安全预测预警系统洪水演进计算的快速、高效、实时、可视化查询和显示等特殊要求,本工程使用水力学法建立一维洪水演进模型。由于仅 WL02 测站(顺得码头附近)—FL02 测站(涪陵乌江二桥附近)段河道具有实测地形资料,建模范围仅为 WL02 测站—FL02 测站段河道。

8.5.3.1　控制方程

一维数学模型的建立洪水演进是典型的非恒定流现象,在洪水演进模型中必须采用非恒定水流数学模型。一维数学模型是发展最早,也是最简单的数学模型,在理论上和实践上都比较成熟,国内外使用都很普遍。在洪水演进模拟过程中,一维模型计算速度快,计算范围大。可以在宏观上描述洪水运动,在洪水演进模拟中应用较多。描述河道一维非恒定水流运动的基本方程为圣维南方程组。

8.5.3.2　初始条件和边界条件

采用一维非恒定流数学模型需要结合适当的初始条件和边界条件。

(1)初始条件。

初始条件是指起始时刻的水流条件,一般情况为计算开始时刻,一维河道各断面的水位和流量值。各断面初始时刻的水位和流量值可根据实测水文站断面上的水位和流量值采用线性插值的方法求得。

(2)边界条件。

边界条件是指水流发生过程中,河道两端断面应满足的水力条件。边界条件可分为上游边界条件和下游边界条件。一般来说,其上、下游边界条件可分为上、下游水位或流量随时间的变化过程,也可以分别为上、下游的水位流量关系曲线。因此,在理论上边界条件共有九种组合,但由于上下游同时给定水位流量关系曲线时,不能反映水流状态随时间的变化,所以边界条件实际上只有八种组合。在本工程中,上游边界给定流量过程,下游边界采用水位过程。

8.5.3.3 相关参数的确定

根据糙率 n 的初值,通过上、下边界条件,以及沿程实测的水位(或潮位)过程,用一维非恒定流的数学模型进行分析计算,逐步调整、试算各河段的糙率 n,直至满足要求的精度,则在各河段试算的 n 值即为该河段内率定的参数。

同时,考虑水流漫滩后,滩地对输送水量的影响,根据断面情况,用试算的 n 值和沿程断面的过水面积 A、水力半径 R 及其滩地面积 A_i、水力半径 R_i 等,计算出对应的动量校正系数 α。

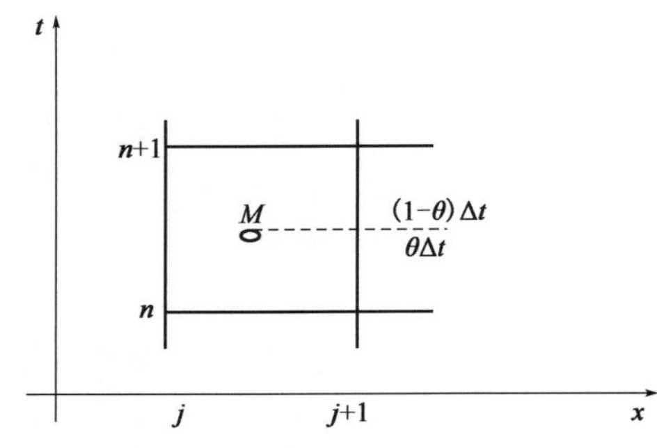

图 8-25　四点线性隐式差分法离散示意图

8.5.3.4 求解方式

如图 8-25 所示,θ 为加权系数,根据隐格式的稳定条件,若使差分方程无条件稳定,则取 $0.5 \leqslant \theta \leqslant 1$,用此隐式格式的差分方程对圣维南方程组进行离散,得到用增量表示的有限差分隐格式的线性方程组。用简化的四点线性隐格式方法推导圣维南方程组的差分方程。四点线性隐格式法如下:

$$f|_M = \frac{f_{j+1}^n + f_j^n}{2} \tag{8-23}$$

$$\left.\frac{f}{t}\right|_M = \frac{f_{j+1}^{n+1} + f_j^{n+1} - f_{j+1}^n - f_j^n}{2\Delta t} \tag{8-24}$$

$$\left.\frac{f}{x}\right|_M = \theta\left(\frac{f_{j+1}^{n+1} - f_j^{n+1}}{\Delta x}\right) + (1-\theta)\left(\frac{f_{j+1}^n - f_j^n}{\Delta x}\right) \tag{8-25}$$

则有线性迭代方程:

(1)上边界条件水位已知,则第 j 个节点处的迭代方程:

$$Q_j = S_{j+1} - T_{j+1}Q_{j+1} \tag{8-26}$$

$$Z_{j+1} = P_{j+1} - V_{j+1}Q_{j+1} \tag{8-27}$$

(2)上边界条件流量已知,则第 j 个节点处的迭代方程:

$$Z_j = S_{j+1} - T_{j+1}Z_{j+1} \tag{8-28}$$

$$Q_{j+1} = P_{j+1} - V_{j+1}Z_{j+1} \tag{8-29}$$

8.5.3.5 模型验证

一维非恒定流模型的率定过程,就是确定沿程各河段的糙率 n 值,即模型选用的参数与河道地形、断面的概化处理等是否合适,根据选用的实测过程,分别确定计算河段的主槽和滩地的糙率分布,然后用其他的实测水位或流量过程进行检验,如果合理,则表明可用该糙率 n 分析计算某河段待求的各个水文特征值。

WL03 测站和 FL01 测站水位计算值与实测值对比可见图 8-26 和图 8-27，通过对比可以看出，两测站水位变化过程比较符合实测情况，洪水传播时间的计算值与实测值基本吻合。

图 8-26 WL03 测站水位对比曲线

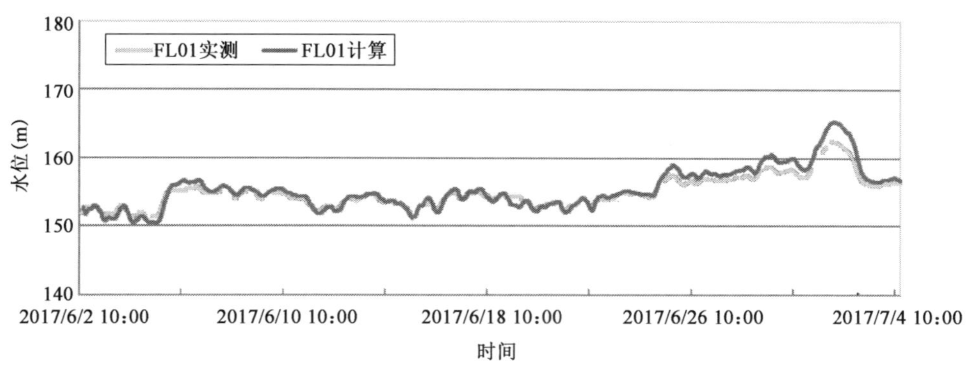

图 8-27 FL01 测站水位对比曲线

8.5.4 预报精度分析

对 WL03 和 FL01 监测站进行连续两个月的预测值和实测值对比。WL03 站水位预报值与实测值对比曲线见图 8-28 ~ 图 8-33，FL01 站水位预报值与实测值对比曲线见图 8-34 ~ 图 8-39。由图可见，两站位预报值与实测过程较为吻合；WL03 站水位最大相对误差为 1.1%，平均相对误差为 0.2%；FL01 站水位最大相对误差为 0.8%，平均相对误差为 0.2%。

总体来看，影响预报精度的原因主要有两方面：

(1)作为上游输入边界的 WL02 站流量是从武隆水文站推算得到，未来可通过布设流量测站的方法提高 WL02 站流量数据的精度。

(2)现阶段模型未考虑支流汇入和降雨产汇流，在下一步工作中可收集流域地理、气象及水文等资料，将降雨径流预报等集成入预警水文平台。

图 8-28　WL03 站水位预报值与实测值对比

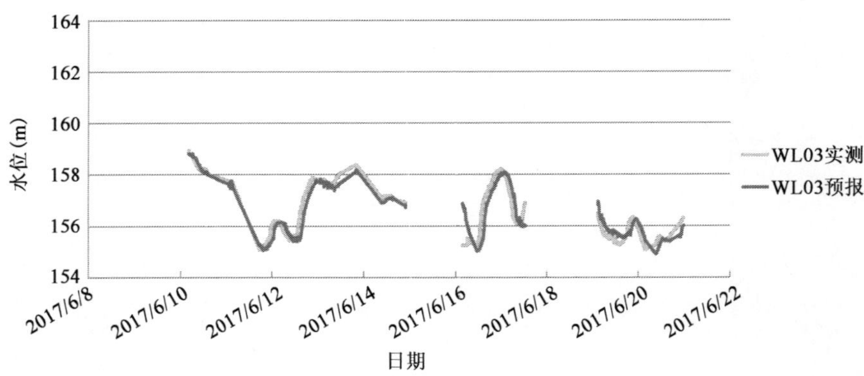

图 8-29　WL03 站水位预报值与实测值对比

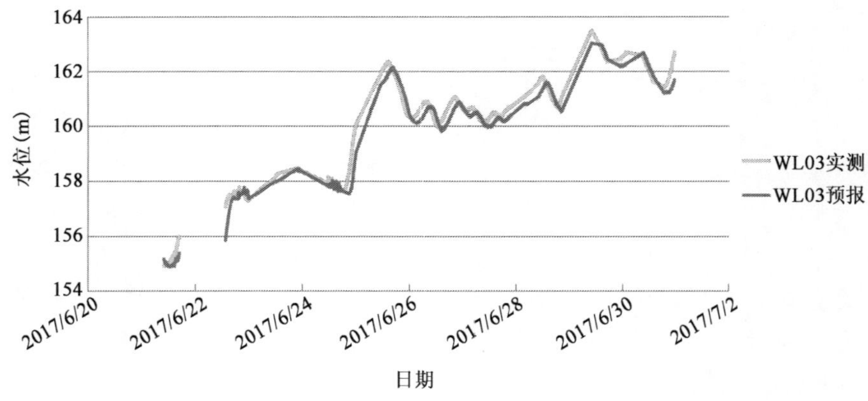

图 8-30　WL03 站水位预报值与实测值对比

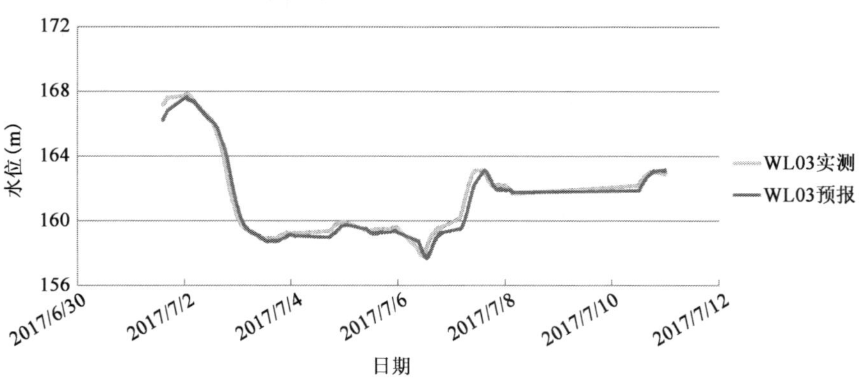

图 8-31　WL03 站水位预报值与实测值对比

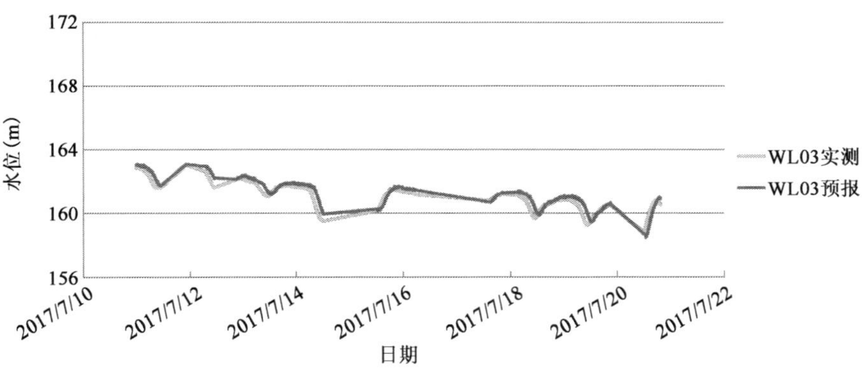

图 8-32　WL03 站水位预报值与实测值对比

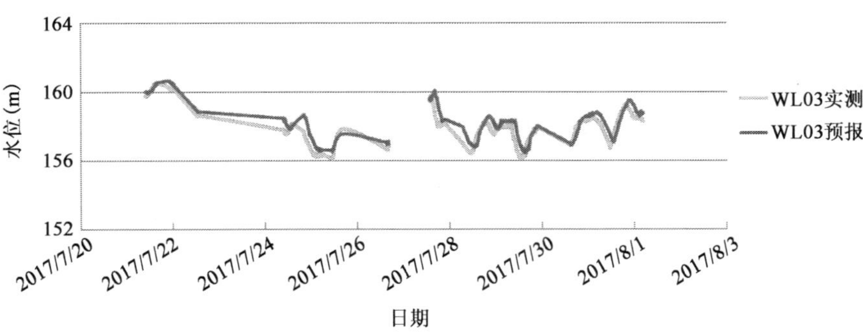

图 8-33　WL03 站水位预报值与实测值对比

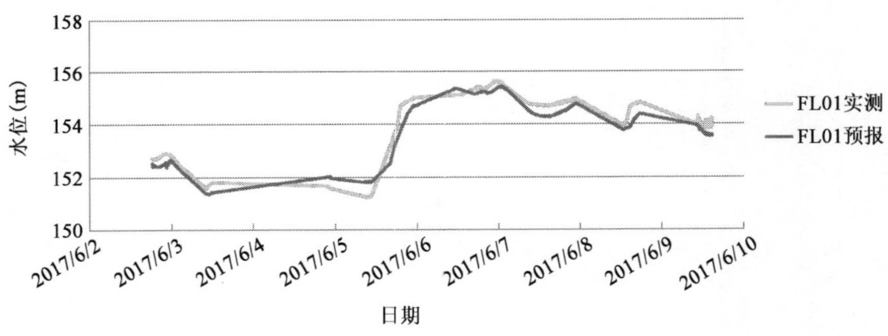

图 8-34　FL01 站水位预报值与实测值对比

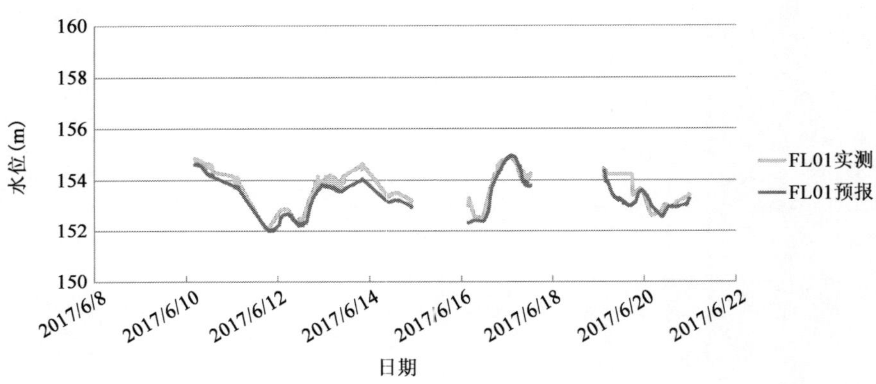

图 8-35　FL01 站水位预报值与实测值对比

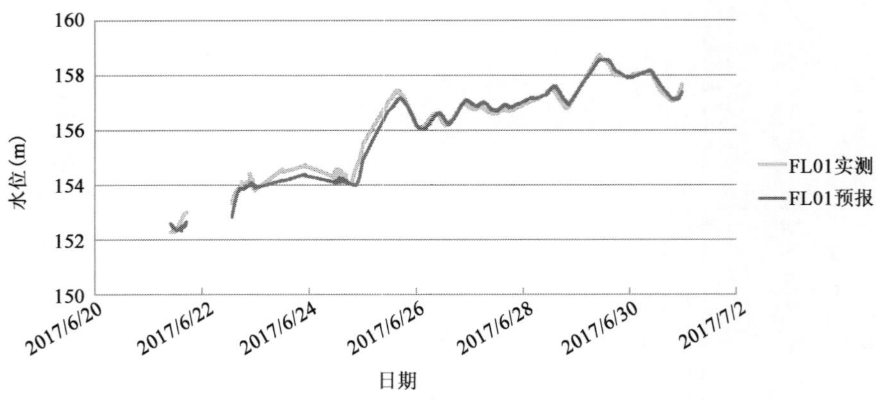

图 8-36　FL01 站水位预报值与实测值对比

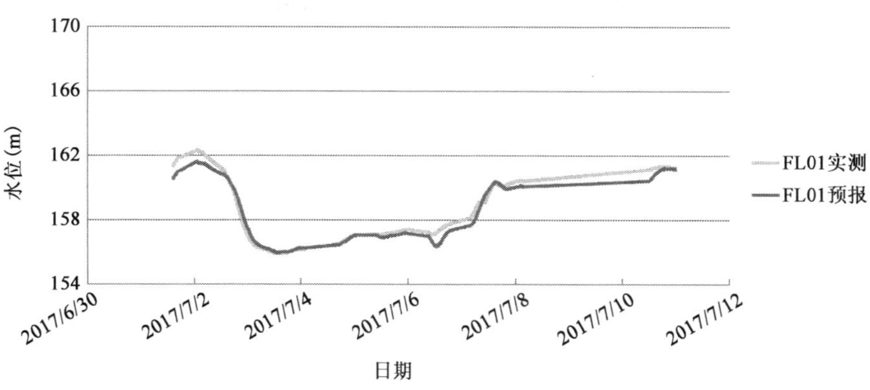

图 8-37　FL01 站水位预报值与实测值对比

图 8-38　FL01 站水位预报值与实测值对比

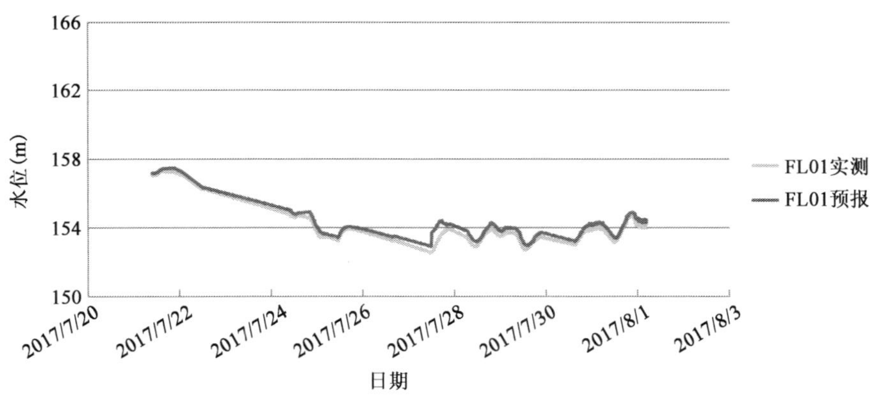

图 8-39　FL01 站水位预报值与实测值对比

8.6 应用系统建设

8.6.1 系统登录及主界面

平台为不同权限的用户提供了统一的登录页面，实现了多功能模块集中管理，用户输入用户名和密码后可登录平台，平台权限控制模块可根据用户名自动判断用户权限，并提供相应的功能操作，如图 8-40 所示。

图 8-40 系统用户登录界面

用户成功登录平台后，进入 GIS 工作首页，如图 8-41 所示。重庆水上安全预测预警系统（乌江示范段）是以 GIS 平台为系统框架基础，以高分辨率卫星遥感影像数据图形为基础，叠加显示外场实时动态监测数据和水文预测数据，提供地图导航、功能操作、动态显示等业务操作。

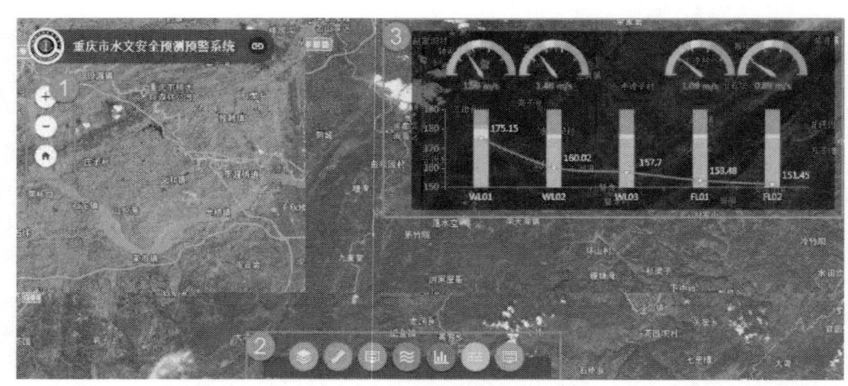

图 8-41 系统主界面功能布局

（1）地图导航：地图操作面板，包括全图、放大、缩小、平移等操作。

（2）功能操作：包括图层管理、空间量测、终端监测、洪水预报、统计分析、阈值设置等功能，实现图文一体化交互操作。

（3）实时监测：通过仪表指针和柱状图实时动态显示 5 个监测站点的水位、流速监测数据，并可与航道联动显示。

8.6.2　应用功能建设

该系统在综合利用 GIS 开发技术、ASP. NET 技术、数据库技术、数字权限控制技术的基础上，采用 B/S 架构模式开发建设了相关的应用功能，主要包括基本 GIS 操作、实时监测信息动态显示、洪水预报分析、监测数据历史统计分析、监测终端状态自检、安全预警管理和用户日志管理等功能。功能结构如图 8-42 所示。

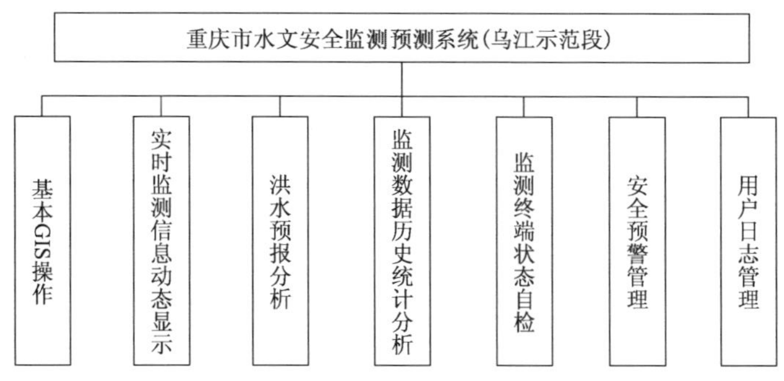

图 8-42　系统功能结构图

8.6.2.1　基本 GIS 操作

利用 GIS 开发技术实现地图导航、图层切换、空间量测等基础功能，方便业务管理人员使用操作该系统。

(1) 地图导航。

根据具体工作，需要不同详细程度和不同范围地查看空间底图，该地图导航提供地图放大缩小、地图拖拽平移、地图默认显示功能。

①地图放大缩小。

通过滚动鼠标滚轮或者点击视图左上侧的“ + ”和“ – ”，可以放大或者缩小数字地图的显示比例，从而可以查看不同详细程度的地图状况。

②地图拖拽平移。

通过按住鼠标左键实现空间地图的拖拽平移。

③地图默认显示。

当通过放大、缩小、拖拽平移等功能改变了视图显示范围后，通过点击🏠，可以将视图范围回返回到系统默认的视图范围。

(2) 图层管理。

图层管理将航道地理信息系统的空间数据信息按其属性划分成专题图层，利于统一数据结构，方便空间分析。图层管理功能主要包括全国底图图层和重庆市底图图层，其中由于遥感拍摄时间原因，重庆底图遥感影像和航道地形图贴合的更好。实现地图在矢量图、影像图、地形图、地图标记之间的自由切换，如图 8-43 所示。

(3) 空间量算。

该功能实现地图绘制量测的相关功能，包括绘制点、线、矩形、多边形，实现距离、面积量测和经纬度获取,可计算出点之间的距离,多边形的面积和点的经纬度坐标值,如图 8-44 所示。

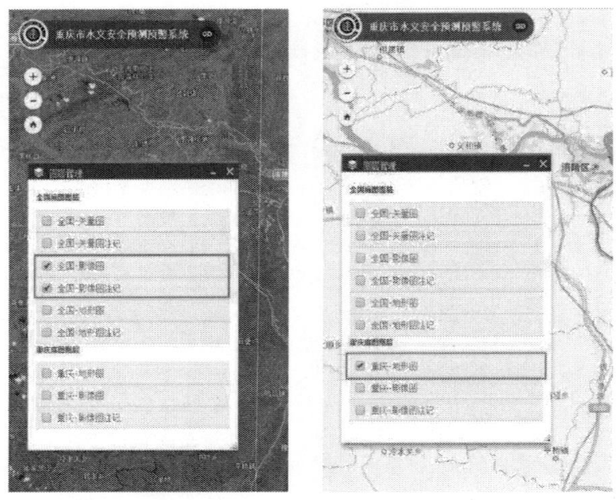

图 8-43　图层管理(影像图层)

图 8-44　空间量算功能

8.6.2.2　实时监测信息动态显示

系统通过前端数据监测站点数据采集结合数学模型计算,提供多种实时数据显示方式,分别为监测站点实时动态数据显示和航道水文实时动态数据显示。此外,针对航道整体水位变化情况,提供航道水位整体变化曲线。

(1)监测站点实时动态数据显示。

实现外场 WL01、WL02、WL03、FL01 和 FL02 五个监测站点的数据动态显示,数据每 3min 实现一次更新。同时,点击航道上五个监测站点的图标也可显示动态监测数据,主要显示水位和表面流速数据,并提供过去 2h 内的监测数据显示。显示界面如图 8-45 所示。

(2)航道断面水文实时动态数据分析。

系统利用数学模型计算,可通过有限数量的监测站点获取航道任意位置处的水文信息。系统对 WL02 ~ FL02 航道间精细化显示,该区间航道长 43km,共分 960 小段,将此航道每 55m 作为一个断面,通过鼠标点击该断面可显示对应水位和流速值。具体界面如图 8-46 所示。

(3)航道整体水位分析。

系统提供整体航道水位变化曲线显示,结合实时监测数据和预测分析数据可显示水位变化曲线,根据该曲线的斜率变化,可粗略估算该位置的流速情况。显示界面如图 8-47 所示。

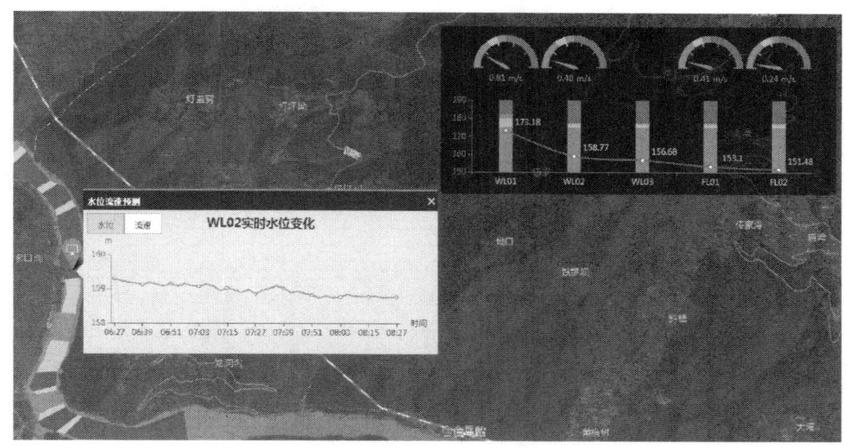

图 8-45　监测站点实时动态数据显示

图 8-46　航道水文实时动态数据显示

8.6.2.3　洪水预报分析

系统基于实时监测数据和数学模型分析,可实现 WL02 站点到 FL02 站点共计 43km 航道的预测分析。系统实现预测未来 2h 内水位和流速的变化情况,并提供实时预测和手工输入两种预测方式,洪水预报显示界面如图 8-48 所示。

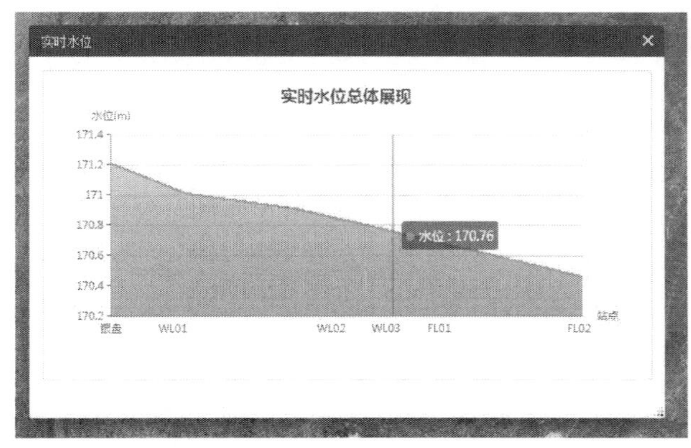

图 8-47　航道水位总体变化曲线

图 8-48　洪水预报实时预测

(1)实时预测。

通过点击“预测”按钮,系统可实现未来2h内洪水演变过程分析,计算各个断面水位和流速的变化情况,实现洪水过程线整体动态变化趋势和任意点未来2h水位流速变化情况。

①点击播放按钮,航道将随着时间推进通过颜色变化(绿色、黄色、橙色和红色)动态展示整体洪水过程变化趋势。

②点击航道内任意点,系统可绘制“2h内水位流速变化趋势”曲线。其中蓝色曲线表示水位变化;绿色曲线表示流速变化。显示界面如图8-49所示。

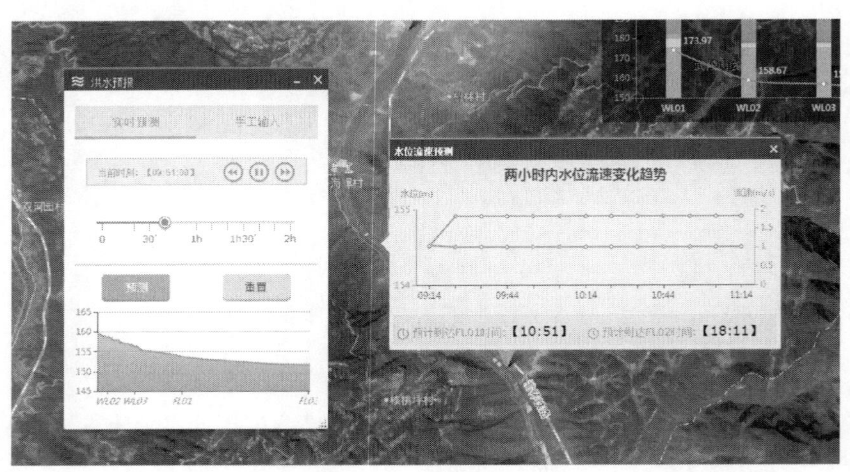

图8-49　2h内水位流速变化趋势

③当播放2h内水位流速变化曲线时,系统在洪水预测界面提供整体航道的水位动态变化趋势。并提供点击处断面到达FL01和FL02的预估时间。

(2)手工输入。

系统支持根据银盘电站的泄洪量,预估未来2h内水位流速的变化情况。通过手工输入即可实现,方便港航管理人员掌握泄洪量与水位流速变化的对应关系。

8.6.2.4　监测数据历史统计分析

系统可实现对监测站点历史监测数据(水位和流速)的统计分析,并输出数据变化折线图,实现对单个或多个站点监测数据的统计和输出,为数据归档和后续分析提供数据支持,积累乌江航道水文监测信息大数据库,为后期的扩展功能提供数据支持。通过该统计曲线可分析出水位涨落的具体时间、水位的历史最高值、同期水位流速对比值等重要信息。水位统计分析显示如图8-50所示。

统计曲线横轴为时间,纵轴为水位,支持横轴时间段缩放和监测站点选择。通过鼠标拖放横轴可实现时间段的放大与缩小显示。流速统计和水位统计一致。

8.6.2.5　监测终端状态自检

由于监测终端布设在航道沿岸,环境条件较为恶劣,为保证终端的正常工作运行,系统可实现对监测终端的工作状态自动监测。

状态检测的指标包括最新的一次数据上传时间、当前监测站点监测设备的运行状态，当监测终端发生异常时系统会发出报警提示。监测终端的状态自检管理界面如图 8-51 所示。

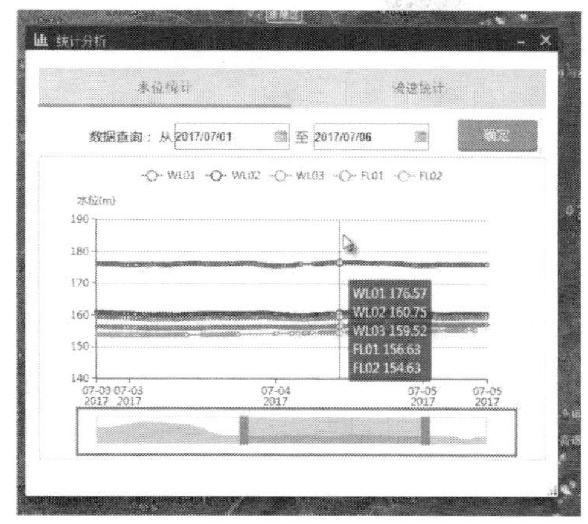

图 8-50　统计分析

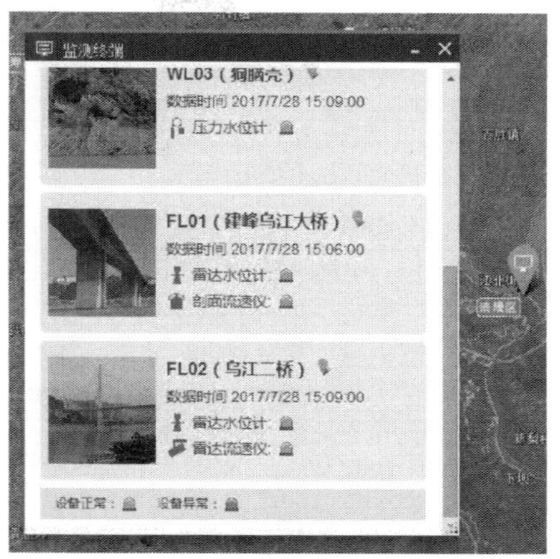

图 8-51　监测终端状态自检

8.6.2.6　安全预警管理

(1) 安全阈值设置。

系统为管理员用户提供阈值设置功能，可对流速和每个监测站点的水位分别设置安全值、警戒值和危险值，整体航道的流速报警阈值采用统一的一套预警值，而水位需要为各个监测站点设置相应的水位预警值。通过不同的阈值设置，控制数据显示颜色和报警级别。

阈值设置界面如图 8-52 所示。

图 8-52　阈值设置界面

(2) 数据显示颜色分级。

系统通过不同颜色区分显示不同安全等级范围内的水文数据。包括实时动态数据颜色、航道显示颜色和报警等级均遵循统一的预警等级范围。具体分级见表 8-4。监测站点动态数据颜色以各数值所处区间对应颜色显示，航道整体颜色显示以流速所处区间的颜色为准。

预警等级范围显示　　表 8-4

序　　号	等　　级	显 示 颜 色	监测值范围
1	绿色显示	绿色	<安全值
2	黄色预警	黄色	[安全值,警戒值)
3	橙色预警	橙色	[警戒值,危险值)
4	红色预警	红色	≥危险值

(3)报警管理。

当监测水位或监测流速数值超过设置的安全值、警戒值或危险值时,系统发出相应的报警信息,监测站点闪烁并播放不同频次声响提示。同时相关警示信息对应相同级别范围的颜色。

8.6.2.7　用户日志管理

系统为管理员用户提供日志查询服务,可查询其他用户修改阈值、登录和操作日志等功能,分别统计用户操作的时间、登录名和类型,支持分类查询,掌握系统的修改登录情况。

用户日志查询界面如图 8-53 所示。

图 8-53　用户日志查询

8.7　总 结 分 析

8.7.1　主要创新点

(1)构建具备自学习功能的水文信息精细化预测模型。

本系统基于实时监测数据,通过水文信息预测模型实现未来 2h 水文信息的预报,通过监测数据的不断积累,数学预测模型可进行自学习,对自身预报结果进行不断改进。系统运行的时间越长,数学模型预测的结果越准确。

(2)水文数据的多级分布式存取模型。

在该系统中,水文数据更新频率较快,长期运行后,如果频繁从服务器获取数据将导致系统访问速度缓慢，系统采用了数据库索引技术和创建表分区的方法实现数据库存储，同时在服务器端，将数据索引和当前检查的数据存放在缓存中，客户端的数据请求即可直接从缓存中获取。此外，通过对水文时序序列数据的预计算处理，形成虚拟数据集，包括多维度统计分析、模型预测分析、动态监测分析计算。服务器端采用多级并发分布式模型，将服务器端的计算分成多个并发进程同步执行，采用信号量进行多线程同步控制，并将计算结果统一包装成序列化协议数据集，供客户端调用。客户端在调用时采用 HTML5 和 JQuery 方式，对调用参数进行预分析和规则约束，对获取的服务器端返回的序列化协议数据集进行同步计算，包括模型预测计算、动态监测分析、GIS 分布匹配、数据统计等。提高系统的访问性能。

(3)采用 3G/4G ＋北斗的双通道数据通信模式。

本系统 WL03 站点所处位置的移动通信网络信号传输不稳定，采用 3G/4G 通信模块偶尔会出现信号中断的现象，同时此监测站点又是模型计算中的关键位置点，因此本系统开发了基于北斗短消息的一体化通信装置(Integrated Communication Device，ICD)，集成了北斗通信模块、3G/4G 通信模块以及相关 GPIO 接口，实现水文监测数据的汇集、转换、发送和接收。水文监测传感器通过串口将数据发送至 ICD 模块，选择北斗通道后通过北斗短消息功能实现数据的传输。由于受通信频率与通信容量(140 个汉字)的限制，需严格控制发送包的电文长度。主要考虑数据传输的实时性，采用多传感器数据组合的监测数据格式一并传输。提高了数据传输的利用效率。

8.7.2　应用效果分析

通过本工程在乌江 79km 航道的成功示范建设，为乌江航运安全提供了全天候、实时性、动态化的水上安全监测与科学预警。系统自 2016 年部署安装以来，经过数次调整，系统运行趋近稳定，监测结果精确、预测结果趋近稳定目前已积累监测数据量 30 余万条数据，共 300MB。积累了乌江航道水文大数据库。

2017 年 5 月乌江汛期来临，港航管理部门依靠该系统，成功应对了 6 月 24 日、7 月 1 日和 7 月 5 日的洪峰过境。尤其在 2018 年 7 月 5 日，乌江上游银盘电站当天泄洪 9700m^3 流量，根据以往管理经验，上游电站泄洪超过 8000m^3 流量时，下游即实行全航段禁航。在本系统的支撑下，港航管理部门通过水文监测预测信息，提前获得下游水位的涨幅和最大流速，并提前部署应急方案，通知下游船舶做好应急准备，在没有禁航的条件下成功应对了本次洪峰过境。系统监测数据结果表明，本次洪峰期间下游 FL01 站最大水位落差由 161.99m 上涨至 169.62m，最大流速为 1.37m/s，船舶可安全航行。通过数次洪峰检验，该系统可为乌江航运安全提供全天候、实时性和动态化的水上安全监测预测保障，可为航道安全监管提供了一个科学有效的支撑。

重庆水上安全监测预测系统以成熟先进的技术手段和稳定高效的数据采集设备，实时监测航道水文信息，并通过融合了航道地形信息和历年水文数据的科学水文预测模型计算，最终形成准确、及时、有效、实用的水文预测预报数据。着重解决用户首要关心的上游电站放水、流域暴降大雨、船舶安全监管等航道水文应急问题。对重庆市港航管理部门具有重要的服务支撑作用，同时对于乌江全河段、嘉陵江以及其他内河都具有很好的借鉴和推广价值。

8.8 研究展望

8.8.1 完善科学的精细化数学预测模型

在重庆市水上安全监测预测系统中，建立精确的乌江航段水文预测预报数学模型是发挥系统作用的关键，但是由于水文预报预测技术发展理论的不完善，还缺乏通用的水文预测预报模型建立方法。在本项目中，建立的乌江航道水文预测预报数学模型，数学预测模型的输入条件只有实时监测数据和航道地形图，缺乏气象信息、完整历史水文信息。本数学预测模型在一定边界条件下，依据上游泄洪信息和监测点采集的数据，可以进行初步的模型计算。但是乌江航道地理环境复杂，边界条件多变，模型计算的精度和稳定性有待进一步改进。因此，在下一步的工作中，建议从以下几个方面改进重庆乌江航段的预测预报数学模型。

(1)研究组合预测模型方法，提高模型的计算精度和稳定性。

组合预测即使用多种预测方法对同一预测对象进行预测，在此基础上通过加权组合形成一个预测模型，以提高预测精度。针对乌江流域的实际水文特点，在对该地区的水文过程进行分析的基础上，注重采用多种产流模型、汇流模型和河道演算方法，建立多种洪水预报方案，建立组合预测模型方法。在水文模型的建立上，充分考虑流域降水、电站泄洪、乌江径流的空间分布、时程演变的不均匀性和两者之间随机组合造成的产流场时空变化的特性，对辖区内的乌江航段进行单元划分，采用分单元、分时段的方法建立水文预报模型，并对各单元的参数进行分段修正。

(2)加强智能信息处理技术在水文预测预报中的应用。

智能信息处理技术与其他数据处理技术相比，不依赖确定的数学模型，可以采用智能学习的方式不断优化数据预测的结果，且近年来，智能信息处理技术在水文预测中多有应用，并取得了良好的效果。建议在下一步的工作中，引入智能信息处理技术，典型的智能信息处理技术如下。

①人工神经网络在洪水预报中的应用。

人工神经网络系统独特的非线性、非凸性、自适应性、强大的计算能力使得它在众多的领域得到了广泛应用。目前，最为广泛的应用是前馈神经网络，采用的学习算法是误差反向传播算法。在水文预报中已有所应用，李致家等人提出了适用于河道洪水预报的神经网络模型，并与河道洪水演算的马斯京根法进行了比较，得出：对于线性河道系统的实时洪水预报，马斯京根法优于神经网络模型，对于非线性河道的实时洪水预报，神经网络模型略优于马斯京根法；蔡煜东等人用BP神经网络预报大伙房水库补水期的径流，该文中选取平均位势高、雨强、相对温度和平均气温作为输入层，经1978—1980年的资料预报检验表明，该法预测成功率较高；胡铁松等人采用联合梯度算法的BP神经网络来预报大伙房水库汛期平均流量，并利用1972—1982年的资料作预报检验，结果表明，该预报方法是有效的，而且神经网络可进行在线训练和离线应用。

②小波理论在洪水预报中的应用。

水文学研究对象(如洪水、径流、降雨等)具有大量的不确定性和复杂性，常规的分析方法很难对它们的发展规律和变化特征有清晰的了解和准确的预测。小波分析(Wavelet Analysis)就是一种由粗及细的分析方法。它可以观测到细微的变化,也可以展示大的变化趋势,同时能获得不同频带的简单序列。将小波分析引入水文学应用研究中,并与现代各种理论和方法结合,从多方面揭示水文系统的变化规律,从而为水资源的合理开发、利用和有效配置提供更多的依据。另一方面,小波分析与水文学结合,不但拓宽了其应用范围,而且还推动了小波理论本身的发展。小波分析在水文学中的应用研究才起步,在水文学中的应用主要在水文系统多时间尺度分析、水文时间序列变化特性分析、水文系统预测预报和水文系统随机模拟等方面。其中,在水文系统预测预报中多是应用于长期预测预报,小波分析方法在水文预测预报的应用研究结果表明,应用小波分析方法进行水文系统预测预报能够取得理想的预测效果。

神经网络和小波理论在水文预测预报方面具有突出的优势,但也存在很大的不足,神经网络易陷入局部最优的缺陷,小波理论可能会丢掉某些重要的信息,其应用的价值还需要进一步挖掘,但是采用遗传算法可以对神经网络进行优化设计,利用遗传算法全局搜索的优点,避免神经网络陷入局部最优的缺陷;引入模糊算法,可以解决神经网络权重信息更多反映样本数量较大的中、小流量变化的规律。因此,智能信息处理技术对于加强水文预测预报的精度具有很高的研究价值。

8.8.2 基于移动互联网的移动应用端建设

当前水文预测预报系统采用 B/S 架构,方便业务人员在 PC 端使用,但是移动客户端带来了更加便捷的业务操作和更加快速、广泛的信息传播途径。可在下一步工作中,增加系统对移动客户端或微信公众号的支持,方便港航管理业务人员,尤其是一线业务人员操作使用该水文预测预报系统,随时随地的查看和操作;同时建设预警信息一键发布功能,借助微信公众号、官方微博、交通网站,建立水文预测预报系统的预警信息发布机制,将乌江航段内重要洪水信息发布至各航运企业和沿岸村落,及时传达可能存在的风险,做好防范。

(1)公众信息发布功能。

本工程建设的水上安全监测预测系统,通过监测并预测未来数小时内重庆乌江航段的水文变化,发现潜在的洪水威胁,保护通航安全和航道周边设施安全,在后期还应建立公众信息发布功能,集成航道地理信息系统、新闻资讯、水文预报、气象预报等信息,为航道管理者、航运企业、沿岸群众、提供信息推送服务。同时,建立官方微信公众号或微博,进行水文信息的公众发布,建立多渠道的信息发布途径。

(2)突发事件应急指挥功能。

应急指挥的效率和响应速度直接影响着突发事件是否能够有效被处置,移动互联网为信息的交互和信息的获取提供了便捷的操作,在后期建议加入应急指挥决策功能,涵盖从风险隐患上报、风险隐患数据库、应急资源的管理、应急培训与演练、应急值守管理、应急辅助决策和指挥调度、应急统计分析以及应急评估等应急事件处置的各个环节,充分发挥水文监测预测系统的作用。

(3)满足业务人员工作需求。

移动客户端的建设,应充分发挥重庆市水文安全监测预测系统的优势,能够为港航管理业务人员、航运企业、船舶驾驶员提供可靠的服务,通过移动客户端的位置服务功能,获取当前使用者的位置,依据注册信息,进行用户识别,结合航道地理信息系统,进行水上导航服务,业务人员通过客户端可以查询航道上任意位置历史水文数据信息、当前的水文气象信息和未来数小时内的水文气象信息,也可以通过移动端进行地理信息的一般操作;航运企业可以利用本水文安全监测预测系统制订航运计划;船舶驾驶员,可以通过客户端充分了解航道水文参数,并接收水文预测预报信息。

8.8.3 基于三维虚拟仿真的航道场景模拟

本系统建设的水文安全预测预报系统实现了对重庆乌江航段的水文预测预报,但是缺乏水文变化对沿岸的影响结果的推算,在后期可将水文预测预报的数据与乌江径流空间分布进行耦合,结合无人机巡航和遥感影像图,依据洪水信息水位的变化,预测未来数小时内洪水覆盖区域,以加强对沿岸基础设施、人口集聚地对洪水来袭的防范。同时,通过模拟航道三维仿真场景,掌握可能出现的各类风险隐患,指导后期的养护工程和水利工程的科学规划。

(1)加强洪水淹没模拟演进技术的应用。

快速、准确、科学地模拟、预测洪水淹没范围,特别是针对乌江沿岸周边的重点人口集聚区、行蓄洪区,期望通过模拟,预先获知洪水的淹没范围和水深的分布,结合地理信息系统的三维模拟显示,对可能受灾的地区进行财产人员的转移。洪水模拟演进技术中,常用的方法有以数字高程模型为基础,将地形的连通性与三角单元或者任意多边形格网模型技术相结合,让三维地形能够真实反映地形地貌,利用二维 GIS 技术中矢量栅格一体化技术,采用平面模拟方法模拟淹没范围,形成洪水风险图,为防洪指挥调度和洪涝灾害的损失评估提供准确的评判依据。

(2)加强无人机遥感技术在洪水动态监测中的应用。

遥感技术在水文学中的应用主要有两个方面,一是利用遥感资料推求各种水体的面积变化、洪水过程的动态监测,这是遥感技术在水文学中的直接应用;二是利用遥感资料进行水文过程中的参数和变量的推求,如土地覆盖面积、植被面积等,继而利用一些经验公式、统计模型和概念性水文模型来获取径流、土壤水分、区域蒸发等水文变量,这是遥感技术在水文学中的间接应用。乌江沿岸地势复杂,水文情况复杂多变,本项目中开发的水文安全监测预测系统,实现了基于上游水文变化的监测数据,对下游水文变化情况进行了时空预测。可通过叠加重点监测区域的无人机航拍遥感影像,辅助以空间数据结构,明确洪水时乌江航道最易受风险的区域。建议在下一步工作中,可以加强无人机遥感技术在洪水动态监测中应用,通过实时动态数据和高清遥感影像的综合分析,建设更实用更可靠的水文监测预测系统。

(3)加强航道场景模拟显示技术的应用。

通过水文数学模型预测分析技术、三维场景模拟仿真技术、遥感技术和无人机航拍技术的应用,能够实现对重庆乌江航段全方位的水文当前状态和未来数小时的状态进行预测,并对洪水的过程进行全面的动态监测。研究基于三维模拟仿真技术的乌江航道场景模拟显示方法,将预测分析结果和动态监测的内容进行耦合显示,以乌江航道线为中心,并对重要监测区域通过无人机航拍采集高精度大比例遥感影像,建立基于无人机航拍高清影像和三维模拟仿真的乌江航道立体展示场景,实现对乌江航道的水文数字化可视化显示。

8.8.4　基于大数据分析的水上决策应急支持

水文预测预报系统实现了对重庆乌江航段的水文预测预报，对保障航运安全和沿岸基础设施安全具有重要的推动作用，随着物联网、大数据、云计算技术的发展，系统可以采用云计算等现代信息技术对历史水文大数据进行数据挖掘分析，找出其中的规律。在突发事件、应急抢险工作中，对沿岸重要物资分布、运输路径进行大数据分析，找到最科学、合理的路径，为应急指挥和宏观决策提供数据支撑。具体研究内容包括：

(1)覆盖全市的水文安全监测预测系统。

重庆市水上安全监测预测系统目前在乌江段取得了成功示范应用。重庆市内河流众多，且都具有山区河流骤涨骤落等特点，示范段的成功应用可在全市河流进行推广应用。通过在全市的广泛推广，可积累重庆市所有河流的水文监测大数据库，为重庆市航运安全保障提供数据支撑，为重庆市水上决策应急指挥提供科学辅助。

(2)应急资源调度大数据分析。

在突发应急事件中，应急资源的调度至关重要，但道路中断、物资储备分散、车辆损坏等不确定因素会给应急资源的调度带来决策问题，在后期的项目建设中，建议充分利用现代信息技术手段，采用大数据分析技术，为应急资源的调度进行最优计算，为车辆运输、道路救援、应急抢险提供决策依据。

(3)人员财产撤离路径大数据分析。

重庆乌江航段沿岸人员集聚地分布复杂，近年来极端天气频发，洪水隐患骤增，在灾害情况下，人员财产的撤离尤为重要，采用大数据分析技术，指导人员财产撤离工作，通过综合考虑周边物资运输、人员分布、受灾范围、灾害发展趋势等因素，给出人员财产撤离的最优路径，并通过大数据分析挖掘潜在的威胁。

(4)复杂环境下的风险源大数据分析。

在复杂的重庆乌江航段，受到多重因素的影响，重庆市水文安全预测预警系统对仅仅通过对水文的监测数据判断可能出现的风险源是不全面的，在后续的工作中，引入大数据分析技术，综合分析乌江航段各关键点历史水文数据、地理特性和气象特性，总结发生风险的历史数据和处理经验，建立知识库，通过历史数据大数据分析，预测未来可能出现的风险源。

参考文献

[1] 刘志强."东方之星"翻沉事故调查报告公布[N].人民日报(海外版),2015-12-31(4).

[2] 姜丹.三峡库区复杂天气条件下船舶航行安全风险预警等级研究[D].武汉:武汉理工大学,2013.

[3] 唐慧强,鞠琳,鲍婷婷.基于 WSN 的透射式能见度监测系统研究[J].仪表技术与传感器,2011(11)57-59.

[4] 李孟麟.前向散射式能见度检测技术研究[D].天津:天津大学,2007.

[5] 穆强.长江下游航道风雾情监测系统的设计与实现[J].世界海运,2018,278(08):28-32.

[6] 李军,井艳文,潘安君,等.MIKE11 模型结构及其在南沙河流域规划中的应用[J].北京水利,1998(5):7-12.

[7] D. A. Post, A. E. Kinsey-Henderson, L. K. Stewart, et al. Optimising drainage from sugar cane fields using a one-dimensional flow routing model: a case study from Ripple Creek, North Queensland[J]. Environmental Modelling & Software, 2003(18):713-720.

[8] Xu Zu xin. Research on hydrodynamic and water quality model for tidal river networks [J]. Journal of hydrodynamics, 2003(2):64-70.

[9] 程海云,黄艳.丹麦水力研究所河流数学模拟系统[J].水利水电快报,1996,19(17):24-27.

[10] Park S. S., Lee Y. S. A multiconstituent moving segment model for the water quality predictions in steep and shallow streams[J]. Ecological Modelling, 1996, 89:121-131.

[11] Park Seok Soon, Lee Yong Seok. A water quality modeling study of the Nakdong River, Korea [J]. Ecological Modelling, 2002, 152:65-75.

[12] 郭永彬,王焰新.汉江中下游水质模拟与预测——QUAL2K 模型的应用[J].安全与环境工程,2003,10(1):4-7.

[13] R. W. H. Carroll, J. J. Warw ick. Uncertainty analysis of the Carson River mercury transport model [J]. Ecological Modelling, 2001, 137:211-224.

[14] Carroll, R. W. H., Warwick, J. J., Heim, K. J. Simulation of mercury transport and fate in the Carson River, Nevada [J]. Ecological Modelling, 2000, 125:255-278.

[15] 兰凯.三峡库区重庆段水流模型研究[D].宜昌:三峡大学,2015.

[16] 重庆市环境科学研究所,等.长江、嘉陵江重庆段水污染控制规划报告[R].1992.

[17] 刘树坤,李嘉,黄真理,等.中国环境水力学[M].成都:四川大学出版社,2000.

[18] 李嘉,李克峰,邓云,等.三峡水库坝前 50km 流场三维计算[A].刘树坤,等.中国环境水力学.成都:四川大学出版社,2000,535-543.

[19] 李锦秀,廖文根.水流条件巨大变化对有机污染物降解速率影响因素研究[J].环境科学研究,2002,15(3):45-48.

[20] 王双明,杨红,潘光在.连续急流弯道水流泥沙的数值模拟[J].泥沙研究,2002(6):39-44.

[21] 赖锡军,汪德爟.山溪性河流水动力学耦合模型研究[J].河海大学学报,2002,30(3):57-60.

[22] 程根伟.山区河流准三维水沙输运与河床演变模拟[J].山地学报,2001,19(3):207-212.

[23] 赵旭升,杨天行,王珊琳.海南万泉河流域洪水预报数值模拟[J].吉林大学学报,2003,33(4):530-533.

[24] 丁玲,逄勇,赵棣华,等.通量差分裂格式的二维水流水质计算的适用性分析[J].水科学进展,2004,15(5):561-565.

[25] 张华庆,金生.回流区水流运动三维数值模拟[J].水道港口,2004,25(2):64-68.

[26] 赵克玉.天然河道一维非恒定流数学模型[J].水资源与水工程学报,2004,15(1):38-41.

[27] 槐文信,陈文学,童汉毅,等.漫滩恒定明渠水流的三维数值模拟[J].水科学进展,2003,14(1):15-19.

[28] 何鸿康.重庆长江上游航运中心服务能力评价与改善研究[D].重庆:重庆交通大学,2018.

[29] 何小聪,张利升,严凌志.乌江流域防洪调度问题及其对策研究[J].人民长江,2018,49(13):27-30.

[30] 北京水规院京华工程管理有限公司,中交水运规划设计院有限公司.水运工程管理平台:CN201810415711.3[P].2018-11-30.

[31] 马瑞鑫,赵鹏,朱俊,等.乌江水上安全预测预警系统研发及应用[J].人民长江,2019,50(5):211-216.

[32] 肖志远,陈雅莉,陈春华.面向Web的长江水文数据"一站式"服务系统[J].人民长江,2018(12):111-116.

[33] 宫彦萍,杨品福.基于GIS的内河航道通航状态监测技术[J].水运工程,2013,(1):130-134.

[34] 桑凌志,毛喆,张文娟,等.内河多桥梁水域船舶安全航行预警系统实现[J].中国航海,2014(4):34-39.

[35] 刘怀汉,曾晖,周俊安,等.内河航道助航系统智能化技术研究现状与展望[J].水利水运工程学报,2015(6):82-87.

[36] 李林峰,王建平.基于关联规则的发电关键要素研究[J].人民长江,2018,(3):93-96.

[37] 曾红娟,朱永清.三峡库区及上游水土保持监测站网建设思路探讨[J].人民长江,2017(12):26-29.

[38] 冯能操,陈兴农,吴竞博.丹江口水库水面蒸发监测站的建设及运行[J].人民长江,2018(2):29-34.

[39] 吴琼,梅军亚,杜耀东,等.长江流域水资源监测实践及认识[J].人民长江,2017,(19):12-15,20.

[40] 谢道奇,龚杰,白林强.基于HXGIS的流域气象信息共享服务平台[J].人民长江,2017(9):103-107.

[41] 王俊. 长江水文监测体系的创新实践[J]. 人民长江,2015(19):26-29,34.
[42] 白亮,占伟伟,欧应钧. 大流域水文监测模拟与可视化实现[J]. 人民长江,2014(2):34-37.
[43] 龙光利. 池塘水位水温实时远距离监测装置的设计[J]. 现代电子技术,2017(18):143-146.
[44] 彭涛,位承志,叶金桃,等. 汉江丹江口流域水文气象预报系统[J]. 应用气象学报,2014(1):112-119.
[45] 陈波,徐伟强. 基于无线传感网络和GPRS的水位无线监测系统[J]. 浙江理工大学学报(自然科学版),2015(2):228-233.
[46] 刘臣,于可忱. 电站泄流对乌江渡码头河段航行影响改善研究[J]. 水道港口,2018(1):60-66.
[47] 刘晓菲,平克军,张波. 自航船模在乌江小幺滩河段航道整治工程研究中的应用[J]. 水道港口,2014(3):217-222.
[48] 赵健,李唯唯,赵宁宇. 乌江银盘水电站通航建筑物建设规模优化研究[J]. 水道港口,2010(5):459-463.
[49] 马瑞鑫,戈广双,陈静. 基于双模定位和射频识别技术的内河船舶身份识别系统设计[J]. 水运管理,2017(7):5-7,10.
[50] 杨凯,胡亚杰,马瑞鑫. 我国智慧港口评价指标体系初步研究[J]. 水道港口,2017(6):647-652.
[51] 甘衍军,徐晶,赵平,等. 暴雨致洪预报系统及其评估[J]. 应用气象学报,2017(4):385-398.
[52] 赵琳娜,刘莹,党皓飞,等. 集合数值预报在洪水预报中的应用进展[J]. 应用气象学报,2014(6):641-653.
[53] 张应辉. 浅谈山区型河流水位计的选型[J]. 水利水文自动化,2008(04):45-46.
[54] 王东升. 物联网无线通信技术应用研究[J]. 通讯世界,2019,26(4):124-125.
[55] 高向堃. 5G无线通信技术及应用分析[J]. 通讯世界,2019,26(5):131-132.
[56] 邓青,曾颖,李港,等. 基于无线通信的物联网技术发展与应用综述[J]. 电脑迷,2018(6):136.
[57] 马晓飞. 短距离无线通信技术综述[J]. 科学与信息化,2017(23):27-28.
[58] 方振嵘. 短距离无线通信技术综述[J]. 城市建筑,2017(8):390.
[59] 钟子强. 超宽带无线通信技术及其应用综述[J]. 现代商贸工业,2016,37(22):183-184.
[60] 范春辉. 物联网短距离无线传输技术研究[J]. 无线互联科技,2017(19):23-24.
[61] 糜雷. 浅谈物联网分组数据传输协议[J]. 电子世界,2018(20):185-186.
[62] 中国卫星导航系统管理办公室. 北斗卫星导航系统[EB/OL]. http://www.beidou.gov.cn,2017-03.
[63] 陈军. 北斗卫星导航定位系统应用综述[C]. 中国高科技产业化研究会智能信息处理产业化分会. 第九届全国信号和智能信息处理与应用学术会议专刊. 2015:125-128.
[64] 马智伟. 2014年北斗卫星导航产业发展综述与展望[J]. 卫星应用,2015(1):44-46.

[65] 苏相琴.北斗卫星导航系统的现状及发展前景分析[J].广西广播电视大学学报,2019,30(3):89-92.
[66] 郭晗.北斗应用成效显著,国际合作稳步推进——《北斗卫星导航系统发展报告(3.0版)》发布[J].卫星应用,2019,(01):24-27.
[67] 王舒波.基于DTU的物联网远程数据采集设计[J].智能建筑电气技术,2018,12(1):70-73.
[68] 路荣坤,陈忠孝,秦刚,等.基于4G-DTU水质监测系统的设计[J].机械与电子,2018,36(1):58-61.
[69] 何承刚,王亚鹏.GPRS DTU的应用经验浅析[J].科技视界,2016(11):90-91.
[70] 黄辛.《中国新一代人工智能发展报告2019》发布[N].中国科学报,2019-05-30.
[71] 王莹,欧阳文全,赵建.船舶防撞预警视频监测技术在淮河入海航道的应用[J].中国水运(下半月),2018,18(2):51-52.
[72] 何毅敏.浅析视频监控系统在长江典型航道整治工程现场监管中的应用[J].中国水运,2018,550(6):49-56.
[73] 杨高星.基于计算机视觉的船舶跟踪及类型识别研究[D].大连:大连海事大学,2017.
[74] 周海飞.Camshift多特征自适应算法在船舶跟踪系统中的研究[J].舰船科学技术,2016,38(20):88-99.
[75] 颜利斌.基于机器视觉的内河航道船艇特征提取与识别[D].长沙:湖南师范大学,2015.
[76] 王江,廖娟,陈星明.运动船舶参数视频检测算法[J].南京大学学报(自然科学),2015,51(2):227-233.
[77] 王江.内河船舶视频监测关键技术研究及系统实现[D].南京:南京大学,2015.
[78] 舒洋.港口视频管理监控综合管控系统方案浅析[J].中国安防,2015,108(8):95-101.
[79] 孟琳.海事视频船舶火灾烟雾检测关键技术研究[D].武汉:武汉理工大学,2014.
[80] 刘清,熊燕帆,黄明晶,等.基于内河单幅图像的去雾算法研究[J].交通信息与安全,2014,32(1):84-90.
[81] 刘海钧.浅析基于稀疏表示的航运船体检测方法[J].中国水运(下半月),2014,14(11):13-15.
[82] 黄明晶.内河CCTV监控图像和视频去雾方法研究[D].武汉:武汉理工大学,2014.
[83] 钟丽,靳智,梁山.控制河段智能视觉跟踪控制系统设计[J].交通科技,2013,259(4):137-142.
[84] 李黎,向小华.夜视成像技术在长江航道视频监视中的应用[J].红外,2012,33(4):42-47.
[85] 陈丽萍.港口航道浮标视频监控关键技术的研究[D].厦门:集美大学,2012.
[86] 王贵槐,谢朔,初秀民.基于深度学习的水面无人船前方船只图像识别方法[J].船舶工程,2018,40(4):19-22.
[87] 尹振智.基于深度学习的公共交通监控视频客流统计系统研究[D].重庆:重庆大学,2017.
[88] 周彩.岳阳辖区航标遥观系统研发[J].中国水运,2018,18(2):97-99.

[89] Matej Kristan, Vildana Kenk, Stanislav Kovacic. Fast Image-Based Obstacle Detection from Unmanned Surface Vehicles[J]. IEEE Transactions on Cybernetics,2016,46(3):641-654.

[90] Alexander Kirillov, Ross Girshick, Kaiming He. Panoptic Feature Pyramid Networks[Z]. arXiv:1901.02446v1,2019.

[91] Qizhu Li, Anurag Arnab, Philip Torr. Weakly-and Semi-Supervised Panoptic Segmentation [C]. ECCV,2018.

[92] Hongshan Yu, Zhengeng Yang, Lei Tan. Methods and datasets on semantic segmentation: A review[J]. Neurocomputing,2018,304:82-103.

[93] Ramprasaath Selvaraju, Michael Cogswell, Abhishek Das. Grad-CAM: Visual Explanations from Deep Networks via Gradient-based Localization[C]. ICCV,2017.

[94] Vijay Badrinarayanan, Alex Kendall, Roberto Cipolla. SegNet: A Deep Convolutional Encoder Decoder Architecture for Image Segmentation[J]. IEEE Transactions On Pattern Analysis and Machine Intelligence,2017,39(12):2481-2495.

[95] Liang-Chieh Chen, Yukun Zhu, George Papandreou. Encoder-Decoder with Atrous Separable Convolution for Semantic Image Segmentation[C]. ECCV,2018.

[96] Liang-Chieh Chen, George Papandreou, Iasonas Kokkinos. Semantic image segmentation with deep convolutional nets and fully connected CRFs[C]. ICLR,2015.

[97] Xiang Wang, Shaodi You, Xi Li. Weakly-Supervised Semantic Segmentation by Iteratively Mining Common Object Features[C]. CVPR,2018.

[98] Jifeng Dai, Kaiming He, Jian Sun. BoxSup: Exploiting Bounding Boxes to Supervise Convolutional Networks for Semantic Segmentation[C]. ICCV,2015.

[99] Guosheng Lin, Anton Milan, Chunhua Shen. RefineNet: Multi-path Refinement Networks for High-Resolution Semantic Segmentation[C]. CVPR,2017.

[100] Alberto Garcia-Garcia, SergioOrts-Escolano, Sergiu Oprea. A survey on deep learning techniques for image and video semantic segmentation[J]. Applied Soft Computing,2018, 70:41-65.

[101] 刘磊. 计算机网络安全中防火墙技术研究[J]. 无线互联科技,2018,15(22):34-35.

[102] 郑晓宇. 物联网信息安全技术探究[J]. 职业,2018(25):116-117.

[103] 汪曙光,刘天霁,方明英,等. 网络入侵检测系统的部署与测试[J]. 电子世界,2018(11):31-32.

[104] 孙月娇. 计算机网络防火墙技术的应用分析[J]. 科学与财富,2018(35):79.

[105] 李其伦. 移动物联时代的无钥匙安全出行[J]. 中国安全防范认证,2018(01):46-48.

[106] 蓝机满. 虚拟网络技术在计算机网络安全中的应用[J]. 黑龙江科学,2017,8(24):116-117.

[107] 王明明,岳文雷,杨振乾. 网络安全中的防火墙技术应用分析[J]. 网络安全技术与应用,2019,(3):21,23.

[108] 苏伟. 物联网信息安全特点及防范[J]. 江苏通信,2017,33(05):73-74.

[109] 王宝石. 防火墙实现原理与应用部署研究[J]. 中国传媒科技,2019(1):107-110.

[110] 高兴海.计算机网络信息安全中虚拟专用网络技术的运用[J].通讯世界,2017(24):134-135.

[111] 陈海国.计算机网络通信安全中数据加密技术的应用解析[J].现代信息科技,2017,1(06):102-104.

[112] 姚文学.物联网安全综述[J].中国粮食经济,2017(06):55-58.

[113] 任一新.网络信息安全中加密算法及应用研究[J].中国信息化,2017(11):67-68.

[114] 蒋月华.综合网络环境下VPN的建立与应用[J].计算机产品与流通,2018(12):45-46+61.

[115] 蔡晓艳.MEMS压阻式湿度传感器的结构分析与性能测试[D].南京:东南大学,2009.